星云禅话 典藏版

到处是路

星云大师 著

中华书局

图书在版编目（CIP）数据

到处是路:典藏版/星云大师著. —北京:中华书局,2017.2
ISBN 978-7-101-12268-8

Ⅰ.到…　Ⅱ.星…　Ⅲ.禅宗-通俗读物　Ⅳ.B946.5-49

中国版本图书馆 CIP 数据核字（2016）第 271782 号

书　　名　到处是路(典藏版)
著　　者　星云大师
责任编辑　焦雅君
出版发行　中华书局
　　　　　（北京市丰台区太平桥西里 38 号　100073）
　　　　　http://www.zhbc.com.cn
　　　　　E-mail:zhbc@ zhbc.com.cn
印　　刷　北京市白帆印务有限公司
版　　次　2017 年 2 月北京第 1 版
　　　　　2017 年 2 月北京第 1 次印刷
规　　格　开本/787×1092 毫米　1/32
　　　　　印张 9⅛　插页 8　字数 80 千字
印　　数　1-3000 册
国际书号　ISBN 978-7-101-12268-8
定　　价　68.00 元

参禅何须山水地
灭却心头火自凉

　　《星云禅话》要出版了，这是我在《人间福报》头版，继《迷悟之间》、《星云法语》、《人间万事》之后，第四个每日不间断、连写三年的专栏。

　　回想《人间福报》创报之初，我为了鼓励大家多创作，同时为扭转一般报纸头版打打杀杀、口水横飞的风气，承诺每日提供一篇千字的稿子，给头版刊登。时间倏忽过去十四年，我不曾一日间断。《星云禅话》就是在二〇〇九年到二〇一二年间所写的内容，但是若要追溯撰写禅话最早的因缘，则要回到一九八五年。

当时我应台湾电视公司之邀，在节目上讲说禅的宝典——《六祖坛经》，节目播出以后，各方对于禅的渴求信息，如雪片般纷飞而来，于是有新闻晚报副刊邀请我，每日为它撰写一则关于禅的公案，题名"星云禅话"，美国与泰国的《世界日报》也一并刊登，这是我最早写禅话公案的因缘。

后来又有人建议，将禅话制作成电视节目，让更多的人享受禅的随缘放旷、任性逍遥，因此有了电视制作人周志敏女士所制作的"星云禅话"节目，在一九八六年播出。一年后，台视公司将它结集成《星云禅话》四册出版发行。

这以后，《星云禅话》多次再版再刷，佛光、联经出版社也曾先后出版过，到底出版了多少次、发行了多少本，我也不曾去深究。所谓搬柴运水无非是禅，出版发行又何曾离开禅！只不过有一样，我一直挂碍着，那就是过去这些禅话公案播出或出版时，我正忙碌于海内外的弘法布教，夜以继日地撰写，之中颇有些匆促而成，恐怕挂一漏万、未尽圆妥，时常想着有机会要将不妥之处修正过来。由于这个因缘，多年后"星云禅话"便在《人间福报》再次和读者、信徒相见。

这次所刊登的"星云禅话"，除了修正旧稿之外，大部分都是新增的禅话公案，一共有一〇八四则。从这些公案里，我们可以体会禅的大机大用。禅，不但有机锋，还有慈悲、幽默、洒脱、率真……它是生活中一股安定心灵的力量。运用禅的智慧，可以让我们的生活少一些烦恼，多一些解脱，所谓"参禅何须山水地，灭却心头火自凉"。

禅有千百种面向：禅是千年暗室，一灯即明；禅是一朝风月，万古长空；禅是搬柴运水，穿衣吃饭；禅是行住坐卧，语默动静；禅是参究自心，本来面目；禅是青青翠竹，郁郁黄花；禅是一钵千家饭，孤僧万里游；禅是至道无难，唯嫌拣择，但莫憎爱，洞然明白……希望有缘的读者，能够在禅的三昧中，保任心的活水源头，在生活中受用无穷。

于丹女士，张毅、杨惠姗贤伉俪，以及名医杨定一博士，为本套书作序，在此一并致意感谢。

是为序。

二○一三年八月于佛光山开山寮

推荐序

因为心系人间

烈焰炙身

汗水映火舞

意志点亮生命

淬炼

艳火莲华一朵

刹那

即静　即禅

　　佛光山佛陀纪念馆开幕的前十天，为了普陀洛伽山观音殿的千手千眼观世音，我和十几位伙伴在纪念馆昏天黑地全力赶工。

所有的人都听说星云大师中风住院了。

纪念馆的工程如火如荼，到处是赶工加班的工程队，夜晚，纪念馆里、纪念馆外，到处灯火通明，一切仿佛如常。

但是，每个人心里，有块石头。

忍不住去问佛光山的师父，所有出家众对星云大师的事，守口如瓶。

但是，每天早上，到佛陀纪念馆上工，仍然忍不住要打听一下，星云大师怎么样了？

这次，说星云大师已经出院了。

所有的人松了一口气。

但是，为什么不在医院多休息一下？没有答案。

我们继续在佛陀纪念馆里忙碌至深夜，十一点多收工，一大群人挤满车子，由纪念馆出来，往纪念馆大门走，预备回朝山会馆休息。

夜晚没灯，突然，看见车道的工地上有人，仔细看是佛光山的师父，中间有人坐在轮椅上，用镭射光笔在还没有完工的车道上，比划来比划去。

竟然是星云大师。

心里一惊，第一个反应是：老先生，您不要命啊？

突然想起，有一次，星云大师看到张毅，笑着问：

你知道我年轻时候，最想做什么工作？

我们一愣，都说不知道。

星云大师笑着说：我想做导演。

长久以来，我一直想不通，导演？为什么是导演？

那天深夜看到因中风刚出院，就三更半夜，坐在轮椅上用镭射光笔在车道工地上指挥的星云大师，竟然又想起这个问题。

他最终没有去做导演，而成为今天的星云大师，在他的生命深处，的确充满了一个导演的性格倾向：当你聆听他的开示，以及阅读他的文字，那种信手拈来都能引人入胜的感染力，说明他是天生的传播高手。这种与生俱来就有强烈的话要说的动力，确实是所有导演的共同血液。

然而，当那种动力，由虚拟的戏剧，提升到人间的苦难关怀和众生的无明的解脱，导演的工作，可能变得无力而虚无。因为，面对真的无边人间苦厄，需要投入的，不再是短暂的创作工作，也不可能有任何个人的浪漫虚荣，更重要的是，没有什么风花雪月的期待。

需要的是，真正的生命无我无私的投入。

因此，那个原来可能是个高明的导演的人，六十年来，心无旁骛地成了今天的佛光山的星云大师。

琉璃工房 执行长 / 艺术总监

听佛陀讲故事

大凡幸福的孩子，童年都是有故事听的。

无论偎在妈妈的怀抱里，还是躺在奶奶的蒲扇下，哪怕是蹲在村里老爷爷的板凳边，人性里最早的是非之心、善恶判断，就始自听来的那些故事。小时候只是听得痴迷有趣，长大后遇见世间沧桑，故事深处的道理，才分明起来。

公案禅话，就是历代高僧讲的故事。

而佛性，就藏在人人童年的本真之中。没有受到世事习染的本心倘能明朗坚持，就是中国本土禅宗修佛的境界了。

自达摩祖师东来，不立文字，教外别传；自五祖弘忍传至六祖慧能，一花五叶，心心相印，舍末究本，一门深入，明自本心，见自本性。五祖开示称："不识本心，学法无益，若识自本心，见自本性，即名大丈夫，天人师，佛。"

六祖以"本来无一物，何处惹尘埃"的清朗自性，遁入深深红尘，在猎人队伍中隐匿十五年，承接衣钵，一语道破"若识自心，一悟即到佛地"，只因为"菩提自性本来清净，但用此心直了成佛"，这部奠定了禅宗基础的《坛经》甚至简约到了"惟论见性，不论禅定解脱"，以般若智慧传递给众生一种充满肯定的态度。"汝等自心是佛，更莫狐疑。"

那么，红尘修佛，唤醒自性，所由路径何在？

听听高僧讲的故事吧。

六祖自猎人队伍中归来时，途经法性寺，听见两位僧人对着飘动的经幡争论不已，一人说是风在动，一人说是幡在动，历经磨难一心不乱的六祖一言开示："其实不是风动，也不是幡动，而是二位仁者的心在动啊。"（《风动？幡动？》）

站在二〇一三年早春萌动的时节里，所有关于

"末世"的恐慌都随着上一个年头的冬至日杳去，但是我们心里的纷扰还在，迷失在喧嚣悲欢中的惶惑一点儿没少，到底是这个世界变得太快，还是命运把我们扔到了边缘，说到底，"心静则万物莫不自得，心动则事相差别现前"，看透了自己的心动，离心静也就近了一步。

而自己这一颗心，量大时足以造一座高楼，量小时用尽全部也只造一根毫毛，如同星云大师开示："能大能小，能有能无，能苦能乐，能多能少，能早能晚，能冷能热，因为禅心本性，无所不能。"（《能大能小》）

人的一生都在追求自由，绝对的身体行为自由是不存在的，但是心的自由却是无极的。中文这一个"闷"字，不就是"心"外关了一扇"门"，自己不打开，又有什么样的外力能帮你放出来呢？或许，人不能左右生命的长度，但可以把握生命的宽度，用一生光阴，究竟把自己活成了浩荡大河还是涓涓小溪，两岸的宽度就取决于心量的大与小。

如果以为修为历练一颗心，只为放下烦恼逍遥出世，就辜负了"觉有情"的佛陀本心。这个攘攘红尘深处，藏了多少婆娑深情，弟子淘米时不慎冲掉一粒米，就被师父提点算账：一粒米生二十四个芽，长出二十四个稻穗，每棵稻穗长出三百粒米，一年下来就是七千二百粒，这些米再播撒下去，到来年就是五千一百八十四万粒米的收获。所谓"一滴润乾坤"，在乎了一粒米，那份谦恭与感恩就实证了一沙一石包容大千世界的华严精神。(《一滴润乾坤》)

想想我们今天的餐桌上，堆积如山的浪费，背后是多少不知惜福不知敬畏的狂妄心。

深沉而朴素的敬畏与感恩有时只在一个瞬间的本能中寄寓：小店主做了一笼热腾腾的包子，满身沾着面粉就欢天喜地跑去奉给禅师。禅师一见，马上回房穿上庄严的袈裟，出门郑重接受几个包子，只为敬重一份诚恳与热忱。佛如光，法如水，僧如田，良田福地的耕耘就是一生中的所有瞬间积累。(《工作热忱》)

想来今天世事人心，男人买到一座豪宅或宝马车的时候也未必就真有欢喜，女人买到 LV 的手袋或 Dior 套装的时候也未必就知足珍惜。这些奢侈品带不来的，大概就是那几个热包子奉上时不掺虚假的热忱，还有禅师庄严接受时发自内心的虔诚感激。

但，是不是听了这些故事就一瞬间醍醐灌顶呢？倘若去请教一句点化，赵州禅师会说："老僧半句也无。"（《老僧半句也无》）而洞山良价禅师后来悟出的境界更好："也大奇，也大奇！无情说法不思议，若将耳听终难会，眼处闻声方得知。"（《无情说法》）

或许，这才是禅宗真正的曼妙之处："若开悟顿教，不执外修，但于自心，常起正见，烦恼尘劳常不能染，即是见性。"

纷纷攘攘红尘深处，到处都有机缘去悟去懂，事事无碍，迷失的本心，一旦觉悟，澄明高远的境界呼之欲出。

星云大师曾经给我讲过他出家的真实经历：

结缘志开上人后，当年只有十二岁的大师立志弘法出家。被领到住持面前受戒，住持问："这个孩子，是谁让你出家的？"

孩子想一想，气概十足地说："是我自己愿意出家的。"

不期然，住持抄起藤条劈头打下来："小小的年纪，好大的胆子！没有师父指引，你出得了家吗？说，谁让你出家的？"

孩子知错，顿时改口："是师父让我出家。"不期然，藤条又落在头上："这么大的人了，没有主见么？师父让你出家便出家？说，谁让你出家的？"

孩子想想，果然哪个单一角度都不周全，这次很圆融地回答："是师父带我来的，也是我自己愿意出家。"

藤条依旧落下来，这一次根本不解释，只是问："说，谁让你出家的？"

孩子被打得越发懵懂，但一心已定，只好说："我自己也不知道，你打我就是了。"——这个最不像样的答案终于让住持放下藤条："坐下剃度吧。"

这段故事，我曾在学生就业前讲给他们听：未涉世事时，书生意气的少年心总带了些自以为是，言之凿凿乘愿而来，或秉承师命而来，都没有错，但一定会被世事历练，一次又一次地修理。此后渐次悟出单一角度的偏颇，学会周全兼顾时还是挨打，大部分人心中大不平衡，自此愤世嫉俗，把人间看作炎凉是非的深渊，放弃做有益的事，甚或连自己的善根本性都放弃了。而另外一小部分极具慧心的人却会向更高境界再多一步：不能因为挨打就放弃本心，踏实去做当下每一件认为该做的事情，这个复杂的世界防不住什么地方会出来棍棒，那么，你打我就是了。而这样一想，便是不挨打的开始。

这段故事，我也作公案听，真实经历何尝不是禅话。

这一套《星云禅话》，有多少史上公案，都被星云大师以自己的体温暖热，再输送到我们的心里。

禅宗讲求体用不二，定慧一体，空有圆融，性相一如。在一个过分嘈杂的时代里，明心见性，是一件既简练又深邃的事情。

"不悟即佛是众生，一念悟时众生是佛。"

北京师范大学教授

滚动心轮

应邀为《星云禅话》写序，我本来不敢承诺，一则深感荣幸；二则觉得不够资格帮星云大师写序，谈到禅，更是自觉不足。然而为表达对大师的尊敬，也就勉为其力。

在《星云禅话》套书中，大师透过圆融贯通的笔触，把禅门的故事、话头，运用到生活中。可看出大师对禅与佛法的中心理念，是佛法离不开生活与心念行为，从大师的修为也可以得到充分印证。大师平日的言行，充分体现了佛法的教导，展现出最高的智慧与慈悲，而不仅是理论或智慧的理解，这是大师最令人钦佩之处。大师的教法很独特，以身作则，力行佛法。然而这还不是最稀有难得的，是从信众所传达出大师的谦虚、平凡、无架子，与任何人都能圆融沟通，给人方便，包容佛法各派传承，这是当今时代最需要的，而大师充分体现出这样的风范。

大师这样圆融的成就，是非常不容易的。这是多年来坚持佛法，观照自己的行为与所教的相符相合，因此能感动全球数百万信众，弘扬佛法于五大洲。个人对大师的理念与修持非常景仰，平日所推动的各项活动，也都希望能符合大师的教导。譬如：大师倡导"三好"运动多年，所谓"三好"就是做好事、说好话、存好心，以身口意来奉行佛法。事实上，对于因忙碌生活、紧绷压力所带来的心灵危机，大师所推动的"三好"运动正切合现代人所需。个人也认为，当抱持感恩与慈悲的念头，自然会做好事服务人，说好话赞美人，存好心为人设想。行住坐卧都能落实三好，起心动念都是欢喜修行。

希望读者朋友在体会禅味之余，打开心胸，接受大师的话。以自己的身心行为，来验证大师的教导是否契合有用，更要时常参考大师的话，将佛法应用在生活中。

杨定一

长庚生物科技董事长

目　录

卷一

003　善自珍重

005　不愧为侍者

007　老僧何似驴？

009　空色本来同

011　糟蹋僧

014　佛祖！佛祖！

016　一与三

019　了无功德

021　不得辜负老僧

023   大人相

025   昨是今非

027   谁的罪过？

029   尽饮法味了

032   谁的净瓶？

035   担起来

038   有眼无珠

040   一手抬，一手按

042   可真点胸

045   茶杯死了

047   有何祥瑞？

049   不敌见识

051   有没有消息给你？

053   笑转为哭

055   德山托钵

057   你还未悟

059   我也有老婆

062   德泽后代

卷 二

067　唤作糖饼

069　一橛柴

071　人头落地

073　一目了然

075　一片菜叶

077　房子在哪里?

080　一休与五休

083　天人送食

085　无位真人

088　害怕什么?

090　公鸡与虫儿

092　飞越生死

095　一滴润乾坤

098　与佛祖同起同坐

101　就是这样的滋味

103　我是良遂

106 大石作砚

108 无意占有

110 竹篓接雨

113 佛会来吃吗?

115 两重公案

117 这里有菩萨吗?

119 好一座僧堂

121 说了你也看不见

123 力气使尽

125 是谁在骗人?

127 因有才借

卷 三

131 佛在何处?

133 卖油翁

135 真假妄语

138 到处是路

141 死而复活

144 除却心头火

146 老婆心切

149 错用心

152 般若船

154 心道一如

157 豆腐禅

160 无男女分别相

162 人人皆佛也

164 何谓菩萨?

167 悟道者的形象

169 试刀杀人

172 观音去了吗?

174 活在虚空中

177 汉水逆流了没?

179 我没有家风

181 抱璞投师

183 因为你

186 去洗澡吧!

188　我还在路上

191　如何是观音行？

194　无法回答

196　超脱轮回

卷 四

201　庭前柏树子

204　思量不思量

206　佛心是什么？

208　国师塔样

210　一半肯定

212　不动道场

214　粥与茶

216　衣服吃饭

218　放逐天堂

221　野鸭子

223　用会作么？

225　谁是后人？

228　荷叶为衣

230　不著佛魔

232　无刃剑

234　看脚下

236　何得白头？

239　不起爱嗔

242　何处有山河？

245　西来僧无须

247　杀牛为业

249　谁的儿子？

252　黄檗笠子

254　空色不二

256　量才补职

258　大王尊讳多

260　裴休安名

卷一

你的傲慢有放下吗？你的自尊有放下吗？你的执著有放下吗？甚至于，你的悟道也能放下吗？

梦想打开理想之门，

理想开辟成功之路。

善自珍重

芙蓉灵训禅师在庐山归宗寺参学的时候，有一天，忽然动念想下山去，因此而向归宗智常禅师辞行。

智常禅师问他："你准备到哪里去？"

灵训禅师照实回答："学人打算回岭中去。"

智常禅师慈悲地说："你在我这里参学已经十三年，今天要走了，我应该为你说些佛法心要。你行李整理好之后，再来找我一下。"

没多久，灵训禅师再度来到法堂，他先将整理好的行李放在门外，然后依佛门礼仪，搭衣持具去拜别智常禅师。

智常禅师亲切地招呼他说："到我面前来！"

灵训禅师依言向前。

智常禅师轻轻地说："天气严寒，途中善自珍重。"

灵训禅师听了这一句话，当下顿然彻悟。

◎ 养心法语 ————————————

　　智常禅师的"佛法心要"是什么？就是慈悲心、菩提心、般若心。总之一句，就是禅心。

　　修学佛法还未成功就想离开，这是对自己本分事放弃责任。一句"天气严寒"的关怀，就是要让灵训禅师知道：别人都这么关心你，你却不关心自己，而下一句的"途中善自珍重"的勉励，终于使灵训禅师回到自家的家门，认识了自我。

　　禅，有时说尽了千经万论，连禅的边际都摸不到；有时只不过是一句话、一个动作，却让人彻骨彻髓地认识了自家本来面目。

　　智常禅师的慈悲关怀，那也是灵训禅师十三年当中，多少年的奉献，多少年的虔诚使然；而灵训禅师的彻悟，也是因为机缘成熟了。语云："饭未煮熟，不要妄自一开；蛋未孵熟，不要妄自一啄。"实不虚言。因此，想找到自性，必须禁得起千锤百炼。

不愧为侍者

有一次，兴化军梯山石梯禅师看到自己的侍者拿着钵，往斋堂的方向走去，就唤住侍者，问道："你要到什么地方去？"

侍者回答："到斋堂去。"

石梯禅师听了侍者的回答，相当地不以为然，立即申斥他："我看你手上拿着钵，怎么会不知道你要到斋堂去！"

侍者于是反问石梯禅师："禅师既然知道我要到斋堂去，为什么又要我回答呢？"

这时候，石梯禅师终于点出了主题："我是问你的本分事。你究竟要到哪里？可以得到什么？"

侍者庄重地回答："禅师若问我的本分事，那么我实在是要到斋堂去。"

石梯禅师忍不住拍掌赞叹："太好了，太妙了，你实在不愧是我的侍者！"

◎养心法语 ————————————

　　侍者两次的回答都是要到斋堂去，第一次的回答，石梯禅师不喜欢；可是第二次的回答，却让石梯禅师欢喜得不得了。因为回答虽相同，但境界是不同的。

　　什么是"本分事"？就是回到本家的事，是明心见性的事，是了脱生死的事。本分事，就是认清本性、安住身心、慈悲忍耐、发心作务的禅风。到斋堂去，斋堂里有禅；到佛殿去，佛殿里有禅。所以，禅者的生活中，无处不是禅，真是吃饭是禅，睡觉是禅，行住坐卧，搬柴运水，无事不是禅。禅，不仅包含了生活，更包含了宇宙万有。

　　所以，能将做人的本分事做好，将自己的责任担好，不推辞，不妄想，不贪求，那就是本分事，也就是禅心，如此便能任性逍遥，随处生活了。

老僧何似驴？

传承仰山慧寂禅师禅风的南塔光涌禅师，有一天，他在外弘法后，回到仰山禅师的住处来。仰山禅师一见到他就问："回来做什么？"

光涌先合十，再顶礼，然后才说："礼拜和尚。"

仰山禅师用手指指自己，问道："你还见老僧吗？"

光涌肯定地回答："见！"

仰山禅师非常严肃地再问："老僧何似驴？"

光涌毫不犹豫地说："和尚也不像佛。"

仰山禅师再用手指一指自己，说："那么我像什么？"

光涌不以为然地答道："如果有所像，那么跟驴有什么分别呢？"

仰山禅师听了弟子的这种回答，不禁哈哈大笑，赞叹道："这句问话，我已经用了二十年，用它来考验人，没有一个人能说得出来。今天你回答我的，真是凡圣情尽，不从分别上去认识世间，而从无分别上去体悟世间，真是太好了。善自护持！善自护持！"

◎养心法语 ———————————

像什么？用一句真实的话来说，其实像什么的，已经是不像什么；不像什么的，其实就已经是像什么了。见着的，都没有见着；没有见着的，都已经是见着了。现在我们说的禅，并不是在故弄玄虚，正如《金刚经》说："所言一切法者，即非一切法，是故名一切法。"所以，如果我们不背弃执著，不背弃对待，不背弃分别，那就不是佛法；要背弃了以后，才是佛法。

这世间所有的一切，都是生灭变异法，都是无常的法。你说能像什么，能像的都是不像，而真理法身如同虚空，虚空虽说无相，其实是无所不相。你有见到虚空吗？虚空像什么？

空色本来同

某天，有一位学僧前来请示赵州从谂禅师说："所谓'色即是空，空即是色'，这个道理要如何解释呢？"

赵州禅师只是以偈为答："碍处非墙壁，通处没处空；若人如是解，空色本来同。"

学僧听了仍然不解，于是赵州禅师又说："佛性堂堂显现，住性有情难见；若悟众生无我，我面何如佛面？"

学僧还是不明白，就问："禅师！我请问您的是'色即是空，空即是色'，你怎么用这个偈语来回答我呢？"

赵州禅师两眼一瞪，说："色即是空，空即是色！"学僧终于言下大悟。

◎ 养心法语 ——————————

世间所见的一切物质，佛法都叫作"色"，是依因缘条件而成的，所以不能单独存在，因此，没有自性可得，不可得就是空。是故色的当体是空，此即"色即是空"之意。

空，不是没有。虚空能包容万物，因此经上说："真空不碍妙有，妙有不碍真空。"空是精神，色就是物质。物质里有精神，精神也需要物质来表现，所以色与空是二而一，一而二。

虚空是有还是无呢？你说它无，大地山河都在虚空之中。虚空是本体，万有是现象。所以，本体现象，一如也。

凡夫执著一切法是有实体的，因此才处处障碍，无法贯彻现象的色与本体的空。一旦体悟诸法无我，缘起性空，即知佛心即是我心，我心即是佛心。"我面何如佛面"就是这个意思。

糟蹋僧

有名的大颠宝通禅师，在潮州弘化三十多年。文人韩愈因《谏迎佛骨表》触怒了皇帝，被贬职到潮州，因此有缘亲近大颠禅师，向禅师问禅论道，后来皈信了佛教，成为大颠禅师的弟子。

大颠禅师在驻锡潮州之前，曾到湖南衡山参访过石头希迁禅师。当时，石头禅师一见面就问："你是参禅僧，还是糟蹋僧？"

大颠禅师回答："是参禅僧。"

石头禅师再问："那什么是禅？"

大颠禅师就回答："扬眉瞬目。"

石头禅师又进一步说："除了扬眉瞬目外，把你的本来面目呈现出来看看。"

大颠禅师："禅师请你除掉扬眉瞬目以外的，再来看看我大颠。"

石头禅师："我已经除掉了扬眉瞬目。"

大颠禅师："我现在也已经将禅呈现给禅师了。"

石头禅师："你现在的心，是怎样的？"

大颠禅师："跟禅师没有两样。"

石头禅师："我的心不关你的事。"

大颠禅师："本来就无你无我，何必一定要建立关系？"

石头禅师："不错，不错，你我之间一物也无。"

大颠禅师："既然无物，就是真物。"

石头禅师："真物不可得，你心中的见解这样，还必须大大护持。"

◎ **养心法语** ————————————————

　　江西颖川大颠禅师，因参谒湖南石头禅师而开悟，后来发心到蛮荒瘴气的边陲之地——潮州弘法，可见他悟道了以后，那种勇猛的精神。大颠禅师的禅风，正如一首赞语云："彻证至理，岂拘正偏？扬眉瞬目，一任风颠。语默动静，妙阐幽玄，昌黎拜倒，衣书记传。"

　　僧有多种，在工作上分弘法僧、事务僧、苦行僧等，在行为上分隐居僧、粥饭僧、应赴僧、糟蹋僧等。什么僧都能做，就是不能做糟蹋僧。所以大颠禅师直下承担，他是一个参禅僧。

佛祖！佛祖！

唐朝南阳慧忠国师感念侍者为他服务了三十年，想有所报答，助他开悟，于是有一天，他喊道："侍者！"

侍者一听国师呼唤他，立刻回答道："国师，有何指示？"

国师无可奈何地说道："没有什么。"

过了一会儿，国师又叫道："侍者！"

侍者立刻又回答道："国师，做什么？"

国师又无可奈何地说道："不做什么！"

如是多次后，国师不得已，改口叫道："佛祖！佛祖！"

侍者茫然不解地反问道："国师，你叫谁呀？"

国师只好明白地开示："我在叫你！"

侍者不明所以："国师，我是侍者，不是佛祖呀！"

国师不禁慨叹地对侍者说道："你将来可不要怪

我辜负你，其实是你辜负我啊！"

侍者分辩道："国师，不管如何，我都不会辜负你，你也不会辜负我呀！"

国师答道："事实上，你已经辜负我了。"

◎ 养心法语

慧忠国师与侍者，谁辜负了谁，这且不去论；但侍者只承认自己是侍者，不敢承担佛祖的称谓，这是非常遗憾的事。禅门讲"直下承担"，所谓"舜何人也，予何人也，有为者亦若是"。佛教讲"心、佛、众生，三无差别"，然而众生只承认自己是众生，不承认自己是佛祖，沉沦生死，无法回家，实在可悲。

无门慧开禅师曾说："铁枷无孔要人担，累及儿孙不等闲；欲得撑门并挂户，更须赤脚上刀山。"老国师年高心孤，对侍者用按牛头吃草的方法，使其觉悟，无奈侍者只是侍者，不敢承担是佛祖。

一与三

有一天，玄沙师备禅师问雪峰义存禅师："有拐杖吗？向你化缘一根拐杖。"

雪峰禅师慷慨地回答："我有三根拐杖，你拿一根去好了。"

玄沙禅师惊讶地说："每个人都只有一根拐杖子，你为什么有三根呢？"

雪峰禅师解释："三根有三根的用处。"

玄沙禅师不以为然："是即是，我却不如此用法。"

"那你怎么用呢？"

"是三是一。"

这时，轮到雪峰禅师不以为然了。

"三是三，一是一。三不是一，一不是三。是三是一，是一是三。此事如似一片田地，一任众人耕种，大家无不靠此为生，是一是三，你怎可只说是三是一？"

玄沙禅师道："你凭什么说是一片田地？"

雪峰禅师用手在虚空中一画，说道："看！这就是一片田地！"

玄沙禅师："是即是，但是我不这么说。"

"那你是怎么说呢？"

玄沙禅师："那是各人的事，各人生死各人了，各人吃饭各人饱。"

雪峰禅师问："既然人人如此，为什么要跟别人借拐杖，何不用自己的拐杖呢？"

玄沙禅师："达摩不来东土，二祖不往西天。当来的则来，当去的则去。用一根拐杖助他，莫用三根拐杖累他！"

◎养心法语 ————————

禅宗说的拐杖，即是人人本具的清净本性。我们每一个人的本来面目、真如自性，不可说有，也不可说无。不可说一，岂能说三？禅者就是要破除这种有无对待的观念。

禅师与禅师之间一来一去，在这一去一来间，何必要分二分三呢？《法华经》里面说："唯有一乘法，无二亦无三。"禅只有一，不是二三。

了无功德

南北朝的时候，南朝的梁武帝是历史上最虔诚护持佛法的君王。他在位的时候，曾经广建佛寺，修造桥梁道路，造福百姓，一本佛门的慈悲心肠为国为民。

当时达摩祖师从天竺来中国弘法，梁武帝一听到印度有位大师来到中土，就非常虔诚地礼请他到朝廷说法。

见了面以后，武帝问达摩祖师说："像朕这样为了佛法建造寺庙、印经书、造桥修路，做了这么多的善行，会有什么样的功德？"

达摩祖师回答道："了无功德。"

梁武帝听了非常不高兴，就问为什么，达摩祖师默然不答。

达摩祖师见与梁武帝心意不契，知道弘法的机缘尚未成熟，因此遁入少林寺壁观修行，人称壁观婆罗门。

　　真正的福德（功德）与福德性不一样，梁武帝所做的是福德，而福德性则是我们自己的真如自性。这里面有无量恒沙的功德，你做了功德，它没有多一点，你没有做功德，它也没有少一点，因此"如是功德不以事求"。梁武帝用福德来问达摩祖师，而达摩祖师用福德性来为他解释，所以两个人不相应，难怪达摩祖师会拂袖而去。

　　事实上，梁武帝的善行，并非无功德。禅师所言的"了无功德"，是说明在禅心里是无相的、妙庄严的功德，不能以一般事相上"有无"对立的观念来计较功德的多少大小。我们唯有超越"有无"对待的妄执，超越"大小"对待的分别，才能透视诸法"是无是有，非无非有，是可有是可无，是本有是本无"的实相。这种超越向上，是禅家必经的途径，这种境界才是禅家的本来面目。

不得辜负老僧

有一天，黄檗希运禅师行脚云游到京城，受人指点前往百丈山参礼百丈怀海禅师。当时，百丈禅师问黄檗禅师从何处来。黄檗禅师答道从岭南来。百丈禅师问他所为何事，黄檗禅师便礼拜，然后问道："从释迦佛以来的宗师，以什么样的法门相传至今？"

百丈禅师只是良久不语。

黄檗禅师见百丈禅师不答，于是严正地说："这法门不能让后人就这样断绝了！"

百丈禅师摇摇头，说："才正想说你是个人物。"说着立即转身走进了方丈室。

黄檗禅师随即当下省悟，追上前去，对百丈禅师说："希运是特地前来。"

百丈禅师则说："若真如此，尔后不得辜负老僧！"

禅是什么？昔日外道问佛，佛默然不语，外道因此有所领会，赞叹释尊大慈大悲，为他散尽迷雾。维摩居士示疾，在回答何谓"不二法门"时，也以静默来表达离诸语言的最高境界，而留下了"维摩一默，如雷贯耳"的千古名言。禅门的机锋，或以棒喝、无言之教，来令学人反观自照，体证自性，这样的教育正是自觉的教育。

历代禅门宗师所流传下来的心法，不是区区的语言文字所能表达透彻的，得由禅者自己去亲证体悟。百丈禅师以沉默来试探黄檗禅师，若能契入，心法便已传付，这就是自家珍宝，所以古德才会说"从门入者，不是家珍；从心流出，才是本性"。

大人相

唐朝的云岩昙晟禅师，他最初在百丈怀海禅师门下学禅，因未能契入，改参药山惟俨禅师，得证心法。后来，驻锡于潭州（今湖南长沙）云岩山，人称云岩昙晟。

有一天，他遇到沩山灵祐禅师，对方问道："听说你在药山惟俨禅师处参学很久了，是吗？"

云岩禅师回答："是的。"

沩山禅师又问："那么，请问惟俨禅师的大人相是如何呢？"

云岩禅师答道："涅槃后有。"

沩山禅师再问："涅槃后有是怎么一回事呢？"

云岩禅师说："水洒不到处。"

接着，云岩禅师反问沩山禅师说："那么，您的师父百丈怀海禅师的大人相又是如何呢？"

沩山禅师回答："我的师父百丈怀海禅师如山一般崇高宏伟，如日一般光明辉耀，声前非声，色后非色，就好像是蚊子在铁牛上，找不到一个下嘴处。"

◎养心法语 ────────────

　　禅师们的悟境，不是常人所能轻易体会得到的。从沩山禅师与云岩禅师二人对大人相的描述可以看得出来。云岩禅师说他的老师虽是"涅槃后有"，但却是"水洒不到处"；而沩山禅师则以"蚊子叮铁牛，无一下嘴处"来形容。

　　对一般人而言，禅悟似乎是遥不可及的，其实不然。只要在日常生活中，每天能有一个小悟，就是一种进步，这个悟代表着：我懂了，我明白了，我想通了，我找到了。这与禅宗的悟，就能相应了。

昨是今非

五祖法演禅师问前来参学的开圣觉禅师：“释迦、弥勒犹是他奴，这个‘他’指的是什么人呢？”

开圣觉禅师回答道：“胡张三黑李四。”法演禅师印可了他的见地。

后来，法演禅师便把这段对话告诉寺中的首座圜悟克勤禅师。可是，克勤禅师却不太赞同地说：“这个回答好是好，恐怕还不够踏实，还须再试探看看。”

第二天，法演禅师又以同样的问题再度问开圣觉禅师。

开圣觉禅师不解地说：“这个问题昨天不是已经回答过禅师了吗？”

法演禅师逼问道：“你说了什么？”

开圣觉禅师答：“胡张三黑李四。”

法演禅师摇摇手说：“不是！不是！”

开圣觉禅师一听更加疑惑，问道："禅师，可是您为什么昨天说是呢？"

"昨天是，今天不是！"

开圣觉禅师在法演禅师的喝声下，迷梦乍醒，当下大悟。

◎ **养心法语** ————————————————————

人要时时有"昨是今非"的警觉，不以现状为满足，自我激励今天要比昨天更进步。对于修道的悟境也一样，保持好奇探究的心，对万事万物重新认识、体会，这样才能百尺竿头、更进一步。

在修行的过程中，我们要改心性、革陋习，不故步自封，不短视近利，确实面对自己的无明习气，努力去除自私、烦恼、执著的自我，日日更新自己。如果能有这样的决心，每天都是新生的开始，那么道业自然有所进步、有所增长。

谁的罪过？

一大清早，河边就挤满了一群等待过河的乘客，准备要乘船到对岸去办事。没多久，船夫撑着船靠了岸。由于船小人多，有些人挤不上船，只好等下一班船再过河。

在等待的人当中，有一位秀才及一位禅师。秀才目送着船开走，忽然问禅师说："请问禅师，刚才船夫将舟推入江中，把沙滩上的螃蟹、虾、螺等压死了不少，请问这是乘客的罪过，还是船夫的罪过？"

禅师听了之后，回答道："既不是乘客的罪过，也不是船夫的罪过。"

秀才听了，更加疑惑地问："既然船夫和乘客都没有罪过，那么请问禅师，这究竟是谁的罪过？"

禅师瞪着秀才，很不客气地说："是你的罪过！"

秀才一听，很不服气地回话："这干我什么事？"

禅师两眼圆睁，大喝："因为本来没有事，是你再三分别，所以是你的罪过！"

◎ **养心法语** ————————————

佛教虽然讲六道众生，但还是以人为本位。真理有时不能说破，事相有时也不能说破。船夫为了生活赚钱，乘客为了事务搭船，虾蟹为了藏身被压，这是谁的罪过？这不单是船夫或乘客的罪过，而是船夫、乘客、虾蟹三者的罪过。但其实也不是三者的罪过，因为这三者都是无心的，就如"罪业本空由心造，心若亡时罪亦无"。无心，怎么能造罪呢？纵然有罪，也是无心之罪。这位秀才多事，难怪禅师要毫不客气地喝斥"是你的罪过"。

所以，禅有时不立一法，空诸所有，禅心真理才能现前。

尽饮法味了

　　大觉禅师有一位儒者老朋友，两人结识已经四十余载。虽然他们所学各有专攻，但是彼此之间，多年来始终相互尊重，相知相惜。

　　有一年，时值农历春节的除夕，家家户户都在忙着准备要过年。大觉禅师看到他的儒者老友竟然来访，惊喜之余，大觉禅师当下就热诚地邀请老友说："今天正好是除夕，您老既然来了，就在我这里围炉晚餐吧！"老友听了，也欣然接受。

　　这两个人，虽然一位是佛门的大老，一位是儒家的耆德，然而两个人用餐，也只不过是面一碗而已。用过餐之后，二人吃茶闲谈，关心彼此的健康，不亦安然自在。

　　眼看时间不早了，儒者老友于是起身告辞，大觉禅师对老友说："我不能常常都是让您老前来啊！这样好了，明天是初一，我这就到您府上，去向您回拜一下吧！"

本来已经准备离开的儒者老友，一听到大觉禅师这样说，惊讶地停下脚步，回头婉谢道："千万不能！"

大觉禅师闻言，不禁诧异地反问道："这是为什么呢？"

儒者老友微笑着对大觉禅师解释说："不是我不欢迎您去，而是因为春节期间，我的家人都到国外度假去了，如果您到我那里去，我连给你倒杯茶水的人都没有，实在是家里只有我一个人啊！"

◎ **养心法语** ————————————————

佛、儒二者，当修行到了最高境界的时候，即使只有一个人，都能自在独处，都能安于淡泊，都能简单生活。

一位佛门的禅者，虽然正逢热闹的过年之时，也只是以一碗面作为晚餐来待客；而另一位谦谦的儒家硕德，在春节时刻，连倒个茶水都得自理。可见修行人是靠自己来解决自己的问题啊!

　　这二位大德、长者，看起来似乎很孤单，其实不然也!因为对一个已经拥有了世界、拥有了虚空的人，也不用在乎倒这么一杯茶，因为他们早已把天下的法味都饮尽了。

谁的净瓶？

　　湖北鄂州的无等禅师在赣县龚公山出家，后来参礼马祖道一禅师而密受心要，领会玄旨。

　　有一天，无等禅师去谒见州牧王常侍。两人相谈一番之后，无等禅师便起身告辞，转身离去，王常侍忽然在后头高呼一声："和尚！"无等禅师应声回头："嗯。"王常侍于是敲柱三下"叩叩叩"，无等禅师也以手做一圆相，并再弹拨三下，头也不回地走了。

　　后来，无等禅师在武昌大寂寺驻锡。有一次大众晚参，众人向和尚问讯，无等禅师接着就问大家："刚才的声音，现在向什么地方去了？"

　　在场的大众个个无语，当中只有一位青年学僧，他竖起了手指头回应无等禅师的问话。

　　无等禅师只说了一句："珍重！"便下座回寮去了。

　　隔天清早，这位学僧去参见无等禅师。无等禅师故意转身面对着墙壁侧卧，甚至还故意发出呻吟声。

学僧上前关心地询问："和尚身体还好吗？"

无等禅师连连叹气道："老僧这三两日来，身体欠安。大德身边有没有什么药物，可以给老僧一些呢？"

学僧就一边用手拍打着净瓶，一边说："这个净瓶从什么地方得到的呢？"

无等禅师说："这个净瓶是老僧的，倒是你的净瓶在什么地方啊？"

学僧笃定地答道："这净瓶是和尚的，也是我的。"

◎ **养心法语** ─────────────

州牧王常侍和无等禅师之间，一个敲柱作声，声是无常，凡是有声皆归于无常；另一个则以画圈为相。正如《金刚经》云："凡所有相，皆是虚妄。"故有相即是无相。无常、无相，这不就是真理吗？所以，他们的对答，都是在说明对佛法的认识。

净瓶，是僧人赖以喝水的器皿，水能滋养身体，有水才能生存下去。净瓶就如身体，有水才有净瓶之用。这个青年禅僧来路不凡，对于净瓶是谁的，他回答道，你的净瓶就是我的净瓶，意即人我之间还需要这样去分别吗？

撑住意志的船舵，
必能抵抗风暴，航渡海洋；
系稳理想的罗盘，
定可掌握方向，登陆高山。

担起来

　　唐朝的新兴严阳禅师是洪州（江西）武宁新兴人，为赵州从谂禅师的法嗣。赵州从谂禅师人称"赵州古佛"，曾在河北赵州的观音院（今柏林禅寺）驻锡长达四十年。

　　严阳禅师初参赵州禅师的时候，就问道："一物不将来时，该怎么办呢？"

　　赵州禅师看着眼前这位年轻的学僧，神情带着高傲，心想，对方竟然表明自己已经见得本来面目，真是后生可畏。

　　赵州禅师一边想着，一边朝着严阳禅师走过去，就在两人擦身而过的瞬间，忽然转过头来，对着严阳禅师的耳朵大喝一声："放下！"

　　严阳禅师闻言，傲色果然收敛了许多，反问："既然已是一物不将来了，还要放下什么？"

赵州禅师哈哈大笑："既然放不下，那就担起来啊！"

严阳禅师顿时豁然大悟，立刻向赵州禅师顶礼。

◎养心法语

一物不将来，意即没有拿什么东西来。年轻的禅师，就算是悟道了，也难免有一些习气。这在赵州古佛面前，当然是瞒不了的。所以当严阳禅师说"我没有东西拿来"，赵州禅师就顺着他的话说"放下"，此即加重给他的开示，意谓：你的傲慢有放下吗？你的自尊有放下吗？你的执著有放下吗？甚至于，你的悟道也能放下吗？

年轻的严阳禅师虽然懂得赵州禅师的意旨，仍旧回答："既然一物都没有，还要放下什么呢？"赵州禅师立刻说："那你就提起吧！"在赵州禅师这种对比的问答下，年轻的禅者终于省悟。

所以，在佛门里面，有用的时候你要提起，没有用的时候你要放下。你拖着一个笨重的东西，又不用它，不觉得负担沉重吗？

即使真放下了，当需要慈悲、需要度众的时候，仍然可以再提起啊！

有眼无珠

　　日本的峨山禅师，有一次过江到京都大德寺去办事，他在渡船上看到一位头戴斗笠、衣着简陋的老和尚，正埋头诵念着经文。

　　峨山禅师对这位老和尚仔细打量了一番，心里想：这和尚年纪不小了，却还在诵经的阶段，想必只是个出家不久的学僧吧！

　　于是，峨山禅师趋前对这位老和尚说："您搭这船是要去大德寺吧！"

　　老和尚抬起头回答："是啊！"

　　峨山禅师以一副老参的姿态说："我想，您应该是要去亲近伽山禅师，伽山禅师的禅法可不容易学习哦！老和尚，您年纪这么大了，可得加紧用功学习，假以时日才会有个好成就。"

　　老和尚只是面带微笑，静静聆听着峨山禅师的

"教诲"。

　　船靠岸了以后，峨山禅师与老和尚一齐前往大德寺。一路上，峨山禅师还不忘教导老和尚参禅学道的要领，而老和尚始终都谦谦有礼，虚心闻教。

　　一直走到了大德寺的山门口，全寺的僧众和当家法师都站在山门处迎接这个老和尚，也就是大德寺的住持伽山禅师。

　　峨山禅师被眼前的阵仗惊得目瞪口呆，赶紧向伽山禅师忏悔自己的有眼无珠，他深深钦服于伽山禅师的气度与胸怀，于是投在他的门下，学习禅法。

◎ 养心法语 ————————————

　　俗语说："满瓶不动半瓶摇"，峨山禅师有眼无珠，伽山禅师是真人不露相。伽山禅师已是悟道之人，对于这种不识真相，自以为是，自充老大，不懂得自谦的年轻人，自然不会与之计较。今天峨山禅师若不是遇到像伽山禅师这样虚怀若谷的大德，可就要吃眼前亏了！

一手抬，一手按

唐朝的岩头全奯禅师是德山宣鉴禅师的法嗣。

有一天，岩头走到方丈室，叩了叩门。

这时，德山禅师正在方丈室里打坐，听到叩门声，缓缓睁开眼来，望向站在门外的岩头，仍然不言不语。

岩头于是跨进门，开口便问："和尚，您是圣？是凡？"

德山禅师手一挥，大喝一声："去！"

岩头不再说什么，只是静静地向德山禅师礼拜，便转过身，走出了方丈室。

后来，有人把这件事告诉了洞山良价禅师。良价禅师听了，赞赏地说："除了岩头上座，我想应该没有人能承担吧！"

洞山良价禅师的这番评语后来传到了岩头耳边，

他嗤之以鼻并说："呵！良价这个老和尚，真是不识好歹，妄下断语，未免太低估我了！"

岩头摇摇头，接着又说："良价这老和尚不知道我那个时候，是一手抬他，又一手按着他，就看他怎样喘气翻身！"

◎养心法语

岩头到方丈室参谒德山禅师，先敲门试探动静，再跨门而入，可是德山禅师始终不动如山，来个沉默不语。因此，岩头故意问他，是圣？是凡？这种对立式的问话，德山禅师听了，当然大喝一声："去！"

岩头听到这一声"去"，立即向德山禅师顶礼，便退出了方丈室。

良价禅师得悉此事，赞叹岩头能可以直下承担，超越对待。哪知岩头反而说，这是为了让对方不能翻身，不能喘气，当下直接就是，不用妄自分别。言下之意，既无对待，何有赞许可言呢？

可真点胸

　　翠岩可真禅师为石霜楚圆禅师的法嗣，接引学人向来以机辩迅捷而闻名于丛林。例如，有学僧问："如何是学人着力处？"

　　可真答："千日砍柴一日烧。"

　　学僧："如何是学人亲切处？"

　　可真："浑家送上渡头船。"

　　学僧："如何是道？"

　　可真："出门便见。"

　　学僧："如何是祖师西来意？"

　　可真："深耕浅种。"

　　可真最初在楚圆禅师座下参学时，楚圆禅师问他什么是佛法大意，可真答以"无云生岭上，有月落波心"。楚圆禅师听了就怒斥，年纪都有一把了，还做这样的见解。楚圆禅师看可真愣在原地，就说你可以问我。结果楚圆禅师同样还是回答"无云生岭上，有月落波心"，然而可真一听，当下便豁然明白了。后来禅门中，就以此一因缘称可真禅师为"真点胸"。

◎ 养心法语 ———————————

可真以"无云生岭上，有月落波心"这句话，点破了胸中的隔碍，所以时人称他为"真点胸"，意思就是说云山、波海都在胸中融和了。

青原行思禅师曾说，未参禅时，看山是山，看水是水；参禅以后，看山不是山，看水不是水；即至悟道以后，看山仍是山，看水仍是水。同样的山水，为什么在修道的层次里面，会有这样的分别？

未修禅时，是物理上的世间万法，山是山，水是水；参禅了以后，发觉到世间万法，不是单纯的表相，皆是众缘生起，所以山相不是山，水性不是水；等到他悟道以后才知道事理不二，原来真理是出世法不破坏世法，所以在悟道者的眼中，还给山水一个本来的面目。

可真以"无云生岭上，有月落波心"这句话回答楚圆禅师的问题，即至受到批评以后，再问楚圆禅师"如何佛法大意"，楚圆禅师也是以这两句话回答，可真于言下大悟。此即一法可以有多门，横看竖看，近看远看，只要能触动机心、触动真心。自己说的未必全懂，别人说了才恍然大悟，此即禅机之妙用也。

茶杯死了

一休宗纯禅师，是日本室町时代临济宗著名的僧人。他在幼年的时候，就展现出异于常人的聪明机智。

有一天，一休沙弥不小心将师父心爱的茶杯打碎了，那可是一件稀世珍宝。一休自知闯祸了，心想："完了！这下子一定得挨师父的骂，甚至挨一顿打了。"他边想边收拾散落一地的碎片，然后赶紧藏起来。

果真过没多久，师父循着声音走向一休，问道："刚才，我听到一阵响声，有什么东西打坏了吗？"

一休故作茫然不知，赶快向前一步，天真地问师父："师父，弟子正有一个问题想请示您。"

师父说："什么事？赶快道来。"

一休说："人生在世，这样活得很好，为什么一定要死呢？"

师父一听，摸摸他的头，慈祥地说："傻孩子，这是当然的问题，因为有生就有死啊！你看，气候有春夏秋冬，物品有成住坏空，人生也有生老病死，坏了、死了，这是万物正常的道理啊！"

一休听了之后，满面欢喜地说："师父，现在要告诉您一个坏消息：您心爱的茶杯死了。"说着，就把打破的茶杯碎片捧到师父面前。

师父一看，知道是一休调皮，把茶杯打破了。但自己刚刚讲说了一番道理，也不好自相违背，只有哑然失笑。

◎养心法语

一休禅师童年的时候，就是一个非常顽皮的孩子。他虽顽皮却非常聪明，有时候还会和师父斗智。就如他把师父心爱的茶杯打坏了，本来要受处分的，可是他竟可以和师父论生死。当师父落入语言的陷阱，说万物都有成住坏空，都有损坏的时候，他才对师父说茶杯死了，使得师父对自己所说的道理不能自相违背，只得对他从宽发落。一休小小年纪，思想却灵活慧巧，这也是一种禅心幽默喔！

有何祥瑞?

北宋时，泗州普照寺的处辉禅师跟随金陵保宁仁勇禅师出家，为慧林宗本禅师的法嗣。后来，奉旨担任寺院住持。

普照处辉禅师晋山升座的那一天，众僧云集。许多人都来观礼祝贺，一时之间，全寺内外往来的人潮，可说是络绎不绝。

当日，处辉禅师上堂说法，当中有一位学僧提问道："请问方丈大和尚，听说过去佛陀讲说《法华经》时，从地上涌现多宝佛塔，殊胜无比。大和尚，您今天也晋山说法，有何祥瑞吗?"

处辉禅师听了，只是淡淡一笑，说："天上白云飘飘，地上百花随风摇摆，你说，这是祥瑞吗?"

禅僧回答道："这是自然现象，与今日的升座无关啊!"

处辉禅师说:"你在说,我在听,难道还不够祥瑞吗?"

禅僧听了处辉禅师的回答,顿时感到一阵惭愧,若有所悟。

◎养心法语 ——————————

祥瑞,就是奇异的瑞相或者是神通显现,其实,宇宙之间,哪里没有祥瑞和神奇灵异呢?喝一口茶,就不渴了;吃一碗饭,就不饿了,这不神奇吗?会游泳的人,浮在水面;会爬山的人,可以登于绝顶,这不奇妙吗?

佛法,没有奇妙,只有平常心。在世间,春夏秋冬、生老病死,都是很自然的平常事;既然学僧不懂得大自然的灵异,普照处辉禅师便进一步说:你讲话,我在听,这不就是祥瑞吗?虽然是这么简单,其实,那就是佛法的玄妙喔!

不敌见识

过去，日本有一位精研戒律、讲究持戒的豪潮律师。他经常到九州一带的各个寺院与僧众论辩，从来没有失败过。因此，不管哪个寺院听说他要来，都感到非常不安。

有一次，有家寺院的住持接到豪潮律师将登门拜访的通知，赶紧求助于仙崖禅师。仙崖禅师也不推辞，满口答应他的请求。

到了当天，寺院的里里外外，庭院、走廊甚至栏杆旁，都挤满了看热闹的人。

仙崖禅师站在门口对豪潮律师合掌说："欢迎，请进！"并且引导他走到庭院。原本意气风发、大步迈进的豪潮律师，看到庭院的地上写了几句话，立刻脸色大变，一句话也没说，马上掉头匆忙离开。

现场一片哗然，大家不知道发生了什么事，都议论纷纷。其中有人大声问："豪潮律师素有雄辩的声誉，今日为何尚未辩论就离开了呢？"

另外一人也高声问："禅师，您和他究竟讲了些什么？怎么我们什么都没看到，他就走了呢？"

仙崖禅师微笑着指着地上的字说："你们看！"

只见地上写着："豪潮，左右的人都想要杀你，你还不赶快逃命吗？"

大家一看哄堂大笑，这虽然是仙崖禅师恶作剧，但也觉得豪潮律师未免太过胆小。可见他平时虽讲律学，但见识还不够啊！

◎养心法语

戒律，是刻板的、是教条的。如果只用戒律来要求人，很少有人在教条之前能称得上完美的。禅门，是解放的，凡事喝佛骂祖，不能以常规来看其事。其实，那许多喝佛骂祖的禅者，才是真正尊敬佛祖的人。例如丹霞天然禅师的"多拿几尊来烧"，又如云门文偃禅师的"一棒打死与狗吃"，看起来这是大逆不道。事实上他们已打破偶像观念，见到自己的真身如来了。

有没有消息给你？

唐朝的翠微无学禅师，生平不详，只知道他是丹霞天然禅师的法嗣弟子。他在丹霞天然禅师门下得法后，迁住于京兆府，于终南山翠微寺担任住持。

有一天，无学禅师正在燃香供养殿堂里的一尊罗汉，一位学僧在旁边看到了，满心疑惑地问道："老师，我们的师祖丹霞天然禅师教导我们，禅不应执著外相，所以连木佛都可以拿来烧，就是为了要破除众生的我执烦恼。况且，罗汉的阶位尚且不及于佛，您为什么还要供养罗汉呢？"

无学禅师并没有理会他，静静地将手中的线香齐眉一问讯后，插到香炉里，抬头望着罗汉说："烧也烧不着，供养也任他去供养。"

这名学僧仍然不死心，继续追问："老师，您每天都这样供养罗汉，那么罗汉有没有消息给你？"

无学禅师忽然转过身，反问他："我问你，你每天还要吃饭吗？"

学僧一时语塞，不知如何回答是好。

无学禅师便喝斥他说："禅，是任运自然，不必分别妄想。烧木佛也好，供养罗汉也好，罗汉有没有消息，有没有来，也都随他去。你只管吃饭，管这许多闲事做什么？"

这名学僧闻言，心里稍有醒悟。

◎养心法语

丹霞天然禅师本来是一名士子，原本要上京考取功名。后来有位禅师问他一句"选官不如选佛"，他因此端了一盆水，请老师替他剃发出家。后来他为了破除人间的著相，所以有"丹霞烧佛"的故事。

佛像本是用来礼拜的，不可随便烧毁；丹霞天然禅师他能烧佛像，是因为已证悟自心是佛也。年轻的禅僧还不到这个程度，所以无学禅师才叫他多吃饭，照顾自心，不要管其他闲事啊！

笑转为哭

宋代的黄龙慧南禅师，是江西信州人，曾参学于云峰文悦、石霜楚圆等大德门下。晚年受邀到黄龙山崇恩院开演教法，大振宗风，前往参学者遍及湖南、湖北、江西、闽粤等地。他的教学自成一格，是临济宗黄龙派开祖。日本临济宗之祖荣西禅师就是源自于黄龙派法脉。

有一次，慧南上堂说法。一名学僧刚要站出来礼拜，慧南禅师忽然大声说："不要礼拜！"

学僧一听，吓得赶紧退回去。

慧南禅师笑着说："我还以为是打前锋的将军，没想到竟是一名胆怯的小兵。"

慧南禅师停了一会儿，接着说："好了，不责怪你了，你有什么问题提出来吧！"

学僧再度鼓起勇气走出来，一问讯后说："'无为无事人，犹是金锁难'，这是为什么呢？"

慧南禅师以一偈回应："一字入公门，九牛拔不出。"

这名学僧仍不明白，还想追问，慧南禅师慨叹地说："过去六祖慧能大师密受衣钵，数百位僧人要将衣钵抢回。慧明仁者追上大庾岭时，慧能大师为他说法，让他心开意解，哈哈大笑。我今天说法，未能让弟子契入，只能笑转为哭了。"

慧南禅师说后，大众虽然没有开悟，但都心有戚戚焉。

◎养心法语

慧南禅师在禅门五宗七派里，独树黄龙一派，对禅学的发扬当然有一定的成就。但有时候，遇到一些根性不足的人，难以契合本心，只有慨叹人才难遇。所以，在慧南禅师心中所想的将军，原来都是兵卒，怎能不笑转为哭呢？

德山托钵

佛门中，负责备办大众饮食职务的人称为"典座"，包括菜头、水头、火头、饭头等职务。典座的工作繁杂辛苦，自古许多祖师大德从中淬砺身心，开悟见性，而成为佛门龙象，住持正法，故佛门有"三千诸佛皆出在厨中"之称。

唐朝德山宣鉴禅师座下，有一位杰出的弟子，叫雪峰义存禅师。当时，他在常住中就是担任饭头，每日做饭给大众吃。

有一天，雪峰在煮饭，看到德山禅师托着钵前来，便问："钟未鸣、板未响，您到哪里去托钵呢？"

德山禅师听了，语带机锋地说："钟板也不要吃饭，何必要钟鸣板响？"

雪峰就盛了一些饭菜给德山禅师，德山禅师说："我还是先去念个供养咒再吃吧！"

雪峰说："你念供养咒的时候，佛菩萨已经把你的饭菜吃了，那您怎么办呢？"

德山禅师回答道："我只有向佛菩萨讨一粒米来充饥啊！"

就这样，师徒之间彼此印心，留下一段禅门美谈。

◎养心法语 ————————————————

　　一粒米可以充饥吗？不懂佛法的人，吃一碗饭也不会饱，一粒米又哪能充饥呢？但是一个悟道的人，正如经中所说："佛观一粒米，大如须弥山。"他知道这一粒米是集合了宇宙万有的因缘而成，这一粒米要经过多少的因缘关系，才能送到口中。如果有那许多铺地盖地的因缘，都还不能饱，那要什么才能饱呢？

你还未悟

宋代临济宗的大慧宗杲禅师在云居山担任首座时，有一天到西积庄办事，一位年轻的云水僧知道了，特地前去向他请法。

云水僧向大慧禅师礼拜问讯，恭敬地说："学人因为听闻禅师您讲说'女子出定'的公案，心中有所省悟，特地来请求您为学人作个印证。"

所谓"女子出定"公案，是指有一次佛陀说法，一名女子坐在佛陀身旁就入定了。文殊菩萨问佛陀为什么女子能入定，自己却不能？佛陀要文殊菩萨自己引她出定亲问。文殊菩萨绕着女子走三匝、弹指，女子都无动于衷。

佛陀说，现在就算有百千万个文殊也没有办法，只有罔明菩萨可以做得到。果真，罔明菩萨至女子前，一弹指后，女子马上就出定了。

大慧禅师听了云水僧的话后，马上喝斥他说："你走吧！你还未悟。"

云水僧愣了一下，接着又继续追问："学人的话都还没有说完，为什么禅师却说我还没有悟呢？"

大慧禅师再次摇摇手说："你走吧！你还未悟。"说完话，就转身走了出去。

云水僧望着大慧禅师的背影，终于了解：因缘不到，就是讲了千言万语，也奈何不得啊！

◎养心法语 ——————

大慧禅师说了学僧还没有悟之后，就扬长而去了。而这个学僧，则看着禅师的背影说，因缘未到，奈何，奈何。其实，这位学僧还真有见地。

因为世间一切法，都是从因缘生，因缘未具，就算开悟，没有人印证，也不能毕业啊！所以，这位学僧只能慨叹自己福德因缘不够，他并没有责怪大慧禅师对自己不够礼遇。一个真正的禅者，能够往好处想，这就是见地。有见地的人，还愁不能开悟吗？

我也有老婆

北宋的五祖山法演禅师，是四川人，三十五岁出家受具足戒，此后在成都参学，学习百法、唯识诸论，此后又转而习禅，参拜过慧林宗本、浮山法远等禅师，最后在临济宗杨岐派白云守端禅师座下廓然彻悟，同时也继承了他的法要。

得法后，先后住持四面山、白云山；晚年曾到太平山住持，后来，又迁住蕲州五祖山东禅寺教化学人，因为住在五祖山，人称"五祖法演"。他的法嗣弟子很多，以佛眼清远、佛鉴慧勤、佛果克勤最为著名，有"法演下三佛"之称。

有一天，一位在家人特地到五祖山拜会法演禅师。一见面，就跪下来恳求说："禅师，我已舍弃世缘，请您慈悲收容，让我在您的座下出家学道。"

法演禅师认真地看着他，反问："你是如何舍弃世缘的呢？"

在家人回答："我放下了我的妻子，所以我的世缘已舍去了。"

法演禅师说："《维摩经》中有说，智度菩萨母，方便以为父，法喜以为妻，现在，你有妻子你不要，我没有妻子在找妻子。"

在家人吓了一跳，没想到眼前这位大和尚竟然会说出这样的话，一时之间不知该如何应对。

法演禅师哈哈一笑，接着又说："《维摩经》中也说，慈悲心为女，善心诚实男，现在，家庭都具足了，你何必不要他们，反而要到其他地方找这些呢？谁给你这许多呢？"

在家人听了，似懂非懂，于是就不出家了，发心在寺院当义工服务大众。

◎养心法语 ————————

世俗的人，对于婚姻应该要负起责任，自古以来，男女婚姻不是一时的，而是一世的。无论男方或是女方，必须要知道，夫妻是责任，生儿育女也是责任，为世间辛苦奉献，更是责任。你放弃了这些责任，想要到另外的地方再找可爱的夫妻、儿女，哪里会有呢？

可惜，当今有些在家居士没有佛法，只想自了，放弃妻子儿女要去出家，哪里能得道呢？所以，就如《维摩经》中所说，智度菩萨母，方便以为父，法喜以为妻，慈悲心为女，善心诚实男，这是最好的了！

德泽后代

日本的悟溪宗顿禅师，生于足利幕府时代（约14世纪），爱知县尾张人，是日本临济宗妙心寺派下第十一世，东海派的开山祖师。他在年轻时，经常和几个学禅的道友到各地去行脚参学。

有一年夏天，悟溪禅师等人在行脚途中，经过日本第一大淡水湖——琵琶湖，决定停下来休息片刻。暑热的天气再加上口渴，一群人很高兴地掬起水来畅饮，并脱下衣服在湖边洗浴，有的人更是索性跳进湖里泡水。只有悟溪禅师一个人，静静地蹲在湖边，用毛巾小心翼翼地就着湖水擦拭手、脸。

同伴在一旁看到了，好奇地问他："我们一路走来，好不容易有一个这么好的地方，为什么不和大家一起下去冲凉呢？"

悟溪禅师微微一笑，说："这么美好的湖水，我一个人享用太可惜了，不如将这个福分润泽后世子孙。"

从此以后，这段佳话就在行脚僧之间流传着。有人因为他惜福爱物的美德，称赞他是"福之悟溪"，也有人以他这种德泽后人的心胸，赞誉他是"德之悟溪"，据闻他所开创的东海派寺院，从不曾有过缺水的情况。

◎养心法语 ——————————

从这一则公案，可以知道悟溪禅师是一个非常惜福，也是很注重环保、爱护大自然的人。一湖清水，怎么可以为了自己冲凉，就随意搅乱了大自然的眼目呢？

就如睒子菩萨说，我每走一步路，都不敢用力，怕踩痛了大地；我每讲一句话，都不敢大声，怕惊醒了大地；我也不忍心丢一点东西在地上，怕污染了大地，睒子菩萨是这样的尊重大自然啊！看来，日本的悟溪禅师和睒子菩萨也是同一流的人物了。

卷二

大地山河，宇宙万有，都是因缘和合的存在，

没有因缘，就没有一切。

做事的秘诀是举重若轻，说话的秘诀是条理分明；
修行的秘诀是平常用心，持戒的秘诀是真实不虚；
禅坐的秘诀是忘失时空，念佛的秘诀是心口皆佛。

唤作糖饼

某天，有位学僧到睦州道明禅师那儿去参访，睦州禅师就问他说："你平常都看哪一方面的佛学？"

学僧没有隐瞒，老实地回话："学人曾经读过唯识法相。"

睦州禅师再问："那么能够讲说唯识论吗？"

学僧谦虚地回答道："不敢。"

睦州禅师拈起桌上的一块糖饼，分作两片，问学僧："三界唯心，万法唯识，你怎么说法？"

学僧无言以对。

睦州禅师不放松，仍然继续追问："这个东西叫糖饼对呢，还是不叫糖饼才对呢？"

学僧一听更紧张，汗流浃背地回答道："不可不叫作糖饼。"

睦州禅师看了看学僧，随即轻松地问一个侍立在他身旁的沙弥："一块糖饼分作两片，你怎么说法？"

沙弥毫不犹豫，答道："两片留在一心。"

睦州禅师再问："你称它作什么？"

沙弥回答："糖饼。"

睦州禅师忍不住哈哈大笑，说："你也会讲唯识论。"

◎养心法语

学唯识和学禅，方法和方向都不一样，唯识重知识，重分析，而禅不重知解，不重分析。禅者是直指本心，见性成佛。禅师们的言句幽默，态度亲切，他们不喜欢板起面孔说教，他们有时说东，实在指西；有时打你骂你，实在是爱你护你。唯识家横说竖说，要明唯识义，而禅者的一句："你称它作什么？"曰："糖饼。"已将"三界唯心，万法唯识"表达无遗了。

一橛柴

湖南的石头希迁禅师，有一次问一位新来参学的学僧："你从什么地方来？"

学僧恭敬地回答："学人从江西来。"

石头禅师继续问："啊，你从江西来，那你一定见过马祖道一禅师了？"

学僧答道："见过。"

石头禅师随意用手指着身边的一橛柴，问这位学僧说："马祖像这一橛柴吗？"学僧无言以对。

由于他在石头禅师处无法契入，所以又回到江西去见马祖，并把他在石头禅师那里两人的问答情形告知马祖。

马祖听过之后，淡然一笑，问学僧说："你看那一橛柴大约有多重呢？"

学僧回说："这我没有仔细衡量过。"

马祖说:"你的力量实在很大!"

学僧疑惑地问:"为什么呢?"

马祖说:"你从南岳那么远的地方,背负了一橛柴过来,岂不是很有力吗?"

◎ 养心法语 ———————————

在唐代,青年学僧不是到江西马祖道一禅师处参学,就是到湖南石头禅师处问道,从江西到湖南,从湖南到江西,此即"走江湖"一语的来源。过去走江湖一语,指的是忙碌于参学,现在"走江湖"却演变成以杂耍卖艺维生的意思。

这个学僧在湖南、江西两边来去,搬是说非,而两位大师不为所动,反给他一记当头棒喝。今日某些佛门信徒,从甲寺到乙寺,从乙寺到丙寺,也背负了一橛柴来来去去,不知道重也不重?

人头落地

有一天，龙牙居遁禅师对德山宣鉴禅师说："假如我现在手中有一把锋利无比的宝剑，我就把你的头砍下来。您觉得如何呢？"

德山禅师一听，立即伸长了脖子，说："你砍吧！你砍吧！"

龙牙禅师听他这么回答，高兴地说："你的头已经被我砍下来了！"

德山禅师闻言，只是哈哈一笑。

这件事情过后不久，龙牙禅师去参访洞山良价禅师，并且将自己与德山禅师这一段对话的经过，说给良价禅师听。

良价禅师静静地听完他的叙述，终于开口问他："当时，德山禅师说了些什么？"

龙牙禅师答："他没有说什么。"

良价禅师说："你不可说他没有说什么，其实，德山宣鉴的头没被你砍下，倒是你龙牙居遁的头，已经被他给砍下来了。"

龙牙禅师忍不住辩解："我的头还在啊！"

良价禅师说："那么，你将德山宣鉴被砍下来的头拿给我看！"

龙牙禅师直到这个时候，才终于真正大彻大悟。

◎养心法语 ————————————

龙牙禅师要以宝剑砍下德山禅师的头，说明他已有忘却对方的意念，但是良价禅师却提醒他，其实他反被德山禅师给砍下头了，龙牙禅师辩解头还在，说明他黏着犹在，尚未斩断对自己的执著。

禅要我们"空诸所有"，但并不是否定所有，而是将宾主对待一如，把自他圆融一体。一旦接触到禅心中道平等的超越境界，则是非虚妄的世界自然就会粉碎。

一目了然

法眼文益禅师七岁出家，是五代时候的僧人，为禅宗法眼宗的开山祖师。

有一天，文益禅师举了一个事例来教喻学僧们。他说，过去庵里面，有一位长者，在他住处的门上书写了一个"心"字，另外又在窗子上、墙壁上，也分别写上了"心"字。

文益禅师对于这位长者的举动评论道："门板上应该要写'门'字，窗子上应该要写'窗'字，墙壁上应该要写'壁'字。"

然而，文益禅师的门人玄觉禅师，却不认同这样的看法，他说："门板上不要写'门'字，窗子上不要写'窗'字，墙壁上不要写'壁'字。为什么呢？因为它本来就是一目了然、一看便懂啊！"

◎养心法语 ─────────────────────

　　禅，是当下会意的，它就像我们随处可见的门、窗户及墙壁，一看当下就会明白，根本毋须文字来解释说明。所以，参禅时如果加入了概念思维，那么禅就走味了！

　　参禅的人要懂得方便、善巧，所谓的"法无定法"，能随机应变、灵活运用，才是禅心，何必像此则公案中的长者一般，刻意在有形的门窗上，安立"心"的文字相。因为禅是不能用语言文字道尽的，说破了，就不过是糟粕、知解了。

　　禅门问道，最忌以世智辩聪强加分别。禅师说的话，有的虽然背离常理，可是却是对的；凡人说法，不敢有一字违背佛经，却仍有画虎不成反类犬的谬误。禅，能够当下会意，便能直指人心。

一片菜叶

　　唐朝时有三位禅宗史上很有名的禅师，分别是雪峰义存禅师、岩头全奯禅师、钦山文邃禅师，三人常结伴到各处云游参访。

　　一天，三人走累了，肚子也饿了，很想找个村庄托钵乞食，这时正巧来到一条河边，河面上飘着一片菜叶。

　　钦山禅师说："你们看，河里有一片菜叶，可见上游一定有人居住，我们再往上游走，一定有人家可以吃饭。"

　　岩头禅师也说："你们看这片菜叶还这么新鲜，这么好，就让它随水流走，好可惜啊！"

　　雪峰禅师接着说："这上游的村民这么不知道爱惜物力，轻易让那么好的菜叶随水流走，真不知惜福，不值得我们教化，也不值得我们托钵乞食。我们还是到别处村庄乞化吧！"

正当这三个人，你一句、我一句地在谈论时，忽然看见一个人匆忙地沿着上游岸边飞奔而来。

这人见到三位禅师急忙问道："请问师父，你们有没有看到水面有一片菜叶漂过？我刚才洗菜时不小心，一片还很好的菜叶随水流走了。我现在要赶快把它找回来，不然太可惜了。"

三位禅师听了，哈哈大笑："这些百姓这么惜福，实在很有佛缘，我们就到那边去教化吧！"

◎ 养心法语 ———————

一片菜叶原本不值什么，但是，任何物质在禅师看来，不是物质本身的价值，而是它在心中的价值。所以，禅师们看一花一木，都是整个世界；一沙一石，也能见出所谓的大千世界。虽然是卑微的东西，可是我们都能珍视，都能惜福，世间何物不宝贵呢？

房子在哪里?

《那先比丘经》是一部非常有智慧的经典,其中大部分是述说弥兰陀王和那先比丘问道的经过。

那先比丘从禅修中证悟真理,出言吐语,总是充满了慧思灵巧,甚受弥兰陀王的尊敬。

有一天,弥兰陀王问那先比丘道:"眼睛是你吗?"

那先比丘笑着答:"不是。"

"耳朵是你吗?"

"不是。"

"鼻子是你吗?"

"不是。"

"舌头是你吗?"

"不是。"

"那么真正的你就只有身体了?"弥兰陀王说。

那先比丘答道:"不,色身只是假因缘、假合的存在，不是真我。"

弥兰陀王再问："那么'意'就是你了？"

"也不是。"

弥兰陀王最后问道："既然眼、耳、鼻、舌、身、意都不是你，那么请问你在哪里？"

那先比丘微微一笑，反问道："大王，窗子是房子吗？"

弥兰陀王一愕，勉强回答："光只是窗子不是房子。"

"门是房子吗？"

"不是。"

"砖、瓦是房子吗？"

"也不是。"

"那么，床椅、梁柱才是房子了？"

"当然不是。"

那先比丘安详一笑："既然窗、门、砖、瓦、梁柱、床椅都不是房子，也不能代表这个房子，请问弥兰陀王，房子在哪里？"

弥兰陀王恍然大悟。

弥兰陀王悟了什么？就是佛法的真理：缘起性空。大地山河，宇宙万有，都是因缘和合的存在，没有因缘，就没有一切。世间上没有单独存在，也没有永恒不变的东西，一切都是因缘而生，一切都是因缘而灭。

我们的身体是假四大因缘而和合的，我们的房子也是假种种的因缘而成的，我们可以说活在因缘和合里：缘聚则成，缘散则灭。

能悟"缘起性空"，就能见到禅的风貌。

一休与五休

有一天，有人问一休宗纯禅师："禅师，你什么名字、法号都好叫，为什么偏偏要叫'一休'呢？"

一休禅师听了就回答："一休万事休，有什么不好！"

信徒听了就说："原来一休万事休，那很好，很好。"

一休禅师又说："其实一休不好，二休才好。"

信徒怀疑地问道："二休怎么好呢？"

一休禅师说："生要休，死也要休，生死一齐休，才能了脱生死，所以烦恼也要休，涅槃也要休，二者一齐休。"

信徒听了以后，也体会出这个道理，就跟着说道："不错，不错！二休才好。"

一休禅师又说："二休以后，要三休才好。"

信徒惊奇的问："三休怎么好呢？"

一休禅师说:"你看你老婆天天跟你吵架,像只母老虎,最好是休妻;做官要逢迎,也很辛苦,最好是休官;做人处世有争执,最好要休争;能够休妻、休官、休争,有这三休才是快乐之道!"

信徒听了以后,认为很对,就说道:"没错!三休真好。"

一休禅师又进一步说:"四休才最好。"信徒问道:"四休怎么好呢?"

一休禅师答道:"酒也休、色也休、财也休、气也休,酒、色、财、气四种一齐休,不是很好吗?"信徒听了也点头同意。

一休禅师最后说:"其实这四休还不够,要五休才好。人生最苦的就是我们的肚子要吃饭、要吃菜、要喝水,要这样、要那样,为了这个五脏庙,我们每天就有种种的辛苦;假如把这五脏庙也一块休了,就统统没有事了。"

　　一休禅师和信徒讨论名字，从一休而到五休，真是反映了人生的现况。为了这个，为了那个，所以万般休不了。千休与万休，总不如一休，一休万事休，更莫造怨仇，这就是一休的禅了。

天人送食

　　世称"南山律师"的道宣大师，专以弘扬律法闻名天下，他一生严守戒律，日中一食，因此感动天神每天送食供养。

　　与道宣大师同时代的"三车和尚"窥基大师，出生豪门，为玄奘大师的高徒。当时，玄奘大师以独到的慧眼，看出窥基善根深厚，想度其出家。窥基以"一车美女、一车酒、一车书"三项，作为出家的条件，玄奘大师欣然应允，于是窥基便拜在玄奘门下研究佛教经论。

　　有一天，窥基顿然醒悟：佛法处处是禅悦法喜，何苦为俗事拖累？于是摒除三车，专心于译经讲说，以弘扬法相唯识为使命。

　　道宣大师敬佩窥基大师的学问渊博与辩才无碍，唯独对"三车"之举，深感不以为然。

有一天，窥基大师经过终南山，顺道拜访道宣大师，道宣大师想借天人送饭的机缘感化他。两人见面，相谈甚欢，不知不觉已过晌午，可是迟迟不见天人送来饭食。等到窥基大师起身离去后，天人才来送食。道宣大师心里很疑惑，询问天人："今日为何迟迟才来送食呢？"

天人回答："没办法，因为有大乘菩萨在此处，万千护法神祇护卫着，我们根本进不来啊！"

道宣大师一听，心中大惊，倍觉惭愧，从此以后，对窥基大师至诚恭敬，不敢再起轻慢的念头。

◎ 养心法语 ————————————

窥基大师以心戒为密行，在行住坐卧中落实佛法，是不著修行之相的大乘菩萨。道宣大师持戒精严，但以此傲人，慢心就与清净的本心相违背了。道宣大师想借"天人送食"让窥基大师惭愧，意想不到的是，反而是内秘菩萨行的窥基大师，教化了道宣大师。

无位真人

　　岩头全豁、雪峰义存及钦山文邃三位禅师，有一天在路上遇到定上座，岩头禅师问定上座："您从哪里来？"

　　定上座回答："我从临济院来。"

　　岩头禅师顺口问："临济老师还好吗？"

　　定上座老实地回答："已经圆寂了。"

　　三人一听很悲伤，岩头禅师不禁说道："我们三个人，今天特地要去礼拜老师，无奈福德因缘这样浅薄，未能见到老师，老师就走了。可以请您把老师在世时的教诲，说一些给我们听听好吗？"

　　定上座说："临济禅师常开示说：'在我们肉体中，有一个无位真人，常常从眼、耳、鼻、舌、身、意中出入，你们看到的时候，听到的时候，思想的时候，都可以产生活生生在活动的感觉，没有这种自觉体认的人，就要打开心眼看看。'"

岩头禅师听完后，不自觉伸出舌头，但钦山禅师却说："为什么不称非无位真人呢？"

定上座突然抓住钦山禅师，说："无位真人和非无位真人有什么不同？你说！你说！"

钦山禅师无言以对，脸上青一阵白一阵的。

岩头禅师和雪峰禅师赶紧走上前，向定上座谢罪："这个人是新来参学的，不知好歹，得罪了上座，请原谅。"

定上座于是说："如果不是你们两位说情，今天我便捏死这个初参者。"

◎ 养心法语 ━━━━━━━━━━━━━━━━

无位真人，这个"位"字是指空间而言，无位真人即是不落空间的绝对真人。那个真人是谁？即吾人之佛性。无位真人即是超越时空的吾人本来面目，暂时委屈地住在我们的肉体之中，其实这时也可以说他是"非无位真人"。

定上座要打钦山禅师，主要是怪他多嘴；无位真人已经难寻难觅，非无位真人又怎么能说是觉悟呢？有了岩头禅师的调和，定上座才认为"无位真人"与"非无位真人"没有给钦山禅师斩断。所以禅门的禅心，你不可以说有，不可以说无，不可以说这边，不可以说那边，两头截断，中道才是禅。

害怕什么?

唐朝漳州（福建）的隆寿绍卿禅师，是雪峰义存禅师的法嗣。他幼年时就出家，曾多方参学，后来他到雪峰禅师驻锡的道场参学，并且担任雪峰禅师的侍者多年。

有一天，隆寿跟随雪峰禅师在山路上经行跑香，这时候，突然吹起了一阵风，使得路旁的野芋也随着风晃动不已。

雪峰禅师看见了，便指着摇动的芋叶，转头对隆寿说:"快看啊!"

只见隆寿缩了缩身子，做出惊恐状，说:"老师，我十分地害怕!"

雪峰禅师就意有所指地反问隆寿说:"这是自家里面就有的东西，你究竟害怕什么呢?"

隆寿听了，当下大悟。不久，便被延请到龙溪去弘法。

————————

　　隆寿绍卿禅师所害怕的，并不真的是野芋的随风晃动，而是暗指能令众生堕入恶道轮回的无明业风，可是雪峰禅师却开示隆寿，这是"自家就有的"，也就是说，无明与觉悟，都是由心而起的，并非从外境而来。吾人的这颗心，虽然会起惑造业，轮回生死，但是也能转烦恼为菩提，成就佛道。所谓"烦恼即菩提"，若没有烦恼便没有菩提可得，只要一念能转，由迷转悟，由恶转善，何必害怕呢？如果我们每天的举心动念，都能存正、存诚，有道、有德，无求、无贪，心中的无明恐怖何愁不能对治呢？

公鸡与虫儿

　　有一个七岁的儿童，很喜欢去找无德禅师，和他天南地北地乱说一通。无德禅师不觉得这样子不好，反而认为这个童子出言不凡，常能从他的话里听出一些禅味。

　　有一天，无德禅师对他说："老僧每天都忙，没有时间经常跟你辩论。现在我们做最后一次辩论，假如你输了，你就买饼供养我；假如我输了，就由我买饼和你结缘。"

　　童子听了就说："那请师父先拿出钱来！"

　　无德禅师答："输的人才要拿钱去买饼，胜的人又不需要出钱。"

　　"好吧！老师父您请出题吧！"

　　"假如老僧我是一只大公鸡。"

　　"我就是小虫儿。"童子说。

无德禅师抓住机会，就说："小虫儿，你应该买饼供养我这只大公鸡！"

童子不认输，争辩说："不，该是师父买饼给我吃才对。因为小虫儿看见大公鸡可以飞走啊！"

无德禅师于是请众人来评断："大众呀！请你们为老僧和童子判断一下吧，我们之间谁有理？"

由于大众不能判断，无德禅师于是认真而庄严地说："必须是睁眼睛的禅师才能判断。"

过了三天，大家才发现，无德禅师已悄悄地买饼送给了那位七岁的童子。

◎ 养心法语 ─────────────────────

禅的里面，没有老少、长短、是非、善恶，当然，禅也没有输赢。无德禅师一开始就想赢，但七岁童子却自愿做一个弱者，这表示师徒不可以争论。所以，禅是一个不争论的世界，也是一个规律有序的世界。

飞越生死

　　有一个学僧道岫，虽然精进于禅道的修持，但始终不能契悟，眼看比他晚来参禅学道的同参，不少人对禅都能有所体会，想想自己实在没有资格学禅，既不幽默，又无灵巧，始终不能入门，心想还是做个行脚的苦行僧吧！于是道岫就打点二斤半的衣单，计划远行。临走时，便到法堂去向广圉禅师辞行。

　　道岫禀告说："老师！学僧辜负您的慈悲，自从皈投在您座下参学，已有十年之久，对禅仍是一点消息也没有。我实在不是学禅的根器，今向老师辞别，我打算云游他去。"

　　广圉禅师非常惊讶地问："哦！为什么没有觉悟就要走呢？难道到别处就可以觉悟吗？"

　　道岫诚恳地再禀告："我每天除了吃饭、睡觉之外，都精进于道业上的修持，我虽用功但就是因缘不合。反观同参的道友们，一个个都契机的回归根源。目前我内心深处，起了一股倦怠感，我想我还是做个行脚的苦行僧吧！"

广圉禅师听了就开示："悟，是一种内在本性的流露，无法形容，也无法传达给别人，更是学不来也急不得的。别人是别人的境界，你修你的禅道，这是两回事，为什么要混为一谈呢？"

道岫说："老师！您不知道，我跟同参们一比，立刻就有小麻雀遇大鹏鸟的惭愧感。"

广圉禅师装着不解似地问："怎么样是大？怎么样是小？"

道岫回答："大鹏鸟一展翅能飞越几百里，而我只能在方圆内的草地上活动而已。"

广圉禅师意味深长地反问："大鹏鸟展翅能飞越几百里，请问它已经飞越生死了吗？"

道岫默然不语，若有所悟。

俗话说："人比人，气死人。"比较计较是烦恼的来源，怎能通过禅而悟道呢？小麻雀与大鹏鸟虽有快慢、大小之别，甚至大鹏鸟一展翅几百里，但依然不能飞越生死大海。禅要从平等自性中流出，一旦道岫去除了比较计较，回归到平等自性中，就悟了。

一滴润乾坤

　　大原幽学是日本德川幕府时期的农业改良运动领袖，对于日本农村的改革有相当的贡献。二十七岁时，大原幽学到近江国（今滋贺县）松贺寺参学，一进寺里，便被领到厨房，负责淘米的工作。

　　一天，提宗和尚到厨房里，忽然间大声喝斥："堕落啊！你给我过来看看！"

　　大原幽学赶紧放下手边的工作，跑了过去。

　　只见提宗和尚指着水池，说："你瞧瞧，这一粒米就是你淘米时冲到水池边的，真是暴殄天物，罪过！"

　　大原幽学擦了擦额头上的汗珠，不知该怎么回应才好。

　　"不就是一粒米，是不是？"提宗和尚手一挥，说："把算盘拿来！"

　　大原幽学急匆匆地借了算盘过来，交给提宗和尚。

"一粒米能生出二十四个芽，长出二十四株稻穗，每株稻穗可结出三百粒米，"提宗和尚把算盘交给大原幽学，说，"你算算，收割的时候可生出多少米？"

　　"七千二百。"

　　"七千二百粒米播种下去，到明天秋天，能收成多少米？"

　　"五千一百八十四万。"

　　"第三年呢？"

　　"啊？"

　　"第四年、第五年呢？"

　　"这……"大原幽学忙不迭地拨打算盘，豆大的汗珠在他的额头、脸颊直流。

　　"你以为一粒米是怎么来的？这个道理都不懂，你真白活了，你呀！"提宗和尚把水池边那一粒米捡了起来，说："你能长到这么大个儿，都是农夫给你的。你若不能从一粒米中悟出个道理，生起一念感恩的心，你就不是人！"

　　"呐，"提宗和尚把那一粒米放在大原幽学的手上，说，"一滴润乾坤，你明白吗？"

禅学的思想，融汇了所有的佛教，《华严经》里面说，一沙一石，都包容了三千大千世界；一刹那的时间，也就是无量无边阿僧祇劫；所以世间上，万象诸法其实都是一粒米，哪里要算盘去算？恒河沙界，总在心源啊！

提宗大和尚要大原幽学去体会"佛观一粒米，大如须弥山"的道理，由一粒米去悟道，这就是他教学的开示了。

与佛祖同起同坐

有一天晚上，有道禅师和弟子们在大雄宝殿前的丹墀散步跑香，凉风习习，阵阵的虫鸣蛙叫，无不让人感受到夜晚的清凉美好。

一行人走着走着，有道禅师忽然停下脚步站定不动，然后指着大雄宝殿对弟子们说："你们看，这座大雄宝殿宽大寂静，年年月月只有佛祖安坐其中，其实该有人陪侍佛祖左右，你们当中可有谁愿意睡在大雄宝殿里面吗？"有道禅师停顿了一会儿，接着又说："再说，能够在大雄宝殿内住上一宿，纵使还不能够开悟，也会了解到佛心的。"

这些年轻的弟子们听了，只是面面相觑，没有一人敢开口回答师父的话。因为深山古寺里，即使住在僧堂也犹嫌孤单冷清，更何况是单独一个人睡在大雄宝殿里，谁也没有这个勇气。

克服困难，便能获得良机；
掌握机缘，便能获得成功；
忍辱谦让，便能获得人缘。

有道禅师环视弟子们一眼，见没有人回应，只有说："既然都没有人愿意住在大雄宝殿里，看来只有让佛祖继续孤单下去了。"

待众人解散之后，有个弟子觉一禅僧，他走上前向师父合掌礼拜，问道："师父！夜里大地万籁俱寂，大雄宝殿四下无人，您敢一个人夜宿在大雄宝殿里？"

有道禅师回答："在你们都还未出家的时候，我就不知道有多少的岁月，是陪着佛祖在大雄宝殿里度过的，这话哪还等到你今日才来问我呢？"

觉一禅僧感到非常惭愧，他也将师父的答话转告给众位师兄弟，大家从此以后，都很精进发心，人人都愿意在佛殿里，与佛祖同起同坐，道心更是大为增长。

◎ 养心法语 ————————————

有道禅师由于年轻时参学有所得，才能领导一群弟子山居修行。所谓"朝朝共佛起，夜夜抱佛眠"，能可以与佛祖同起同坐，就可说已进入佛国的净土了。

　　可惜，一般的人士与佛总有些距离。虽然佛陀一开始就说了："大地众生皆有佛性。"但每个人真正的敢担当与佛无二吗？有道禅师能够领导着这群年轻的子弟，勇于承担，与佛陀同在，也算难得了。

就是这样的滋味

　　禅门曹洞宗的开山之祖洞山良价禅师，他向来以温和敦厚的语言来教诲学僧，让学僧们慢慢参究，而渐次达到心地光明的境地。

　　有一天，良价禅师的弟子云居道膺，顶着大太阳，在后院里忙碌地做酱，良价禅师恰巧从旁边走过，看到了就问他说："你在做什么呀？"

　　道膺恭敬地回答道："老师，我正在做酱呢！"

　　良价禅师接着问："你说你在做酱，那么你在酱缸里要放多少的盐巴呢？"

　　道膺回答道："我只不过是斟酌材料的多寡，然后把盐巴洒进去，这样就可以了，并没有一定要放多少啊！"

　　良价禅师再追问："那么，这样做出来的酱料，会是什么样的味道呢？"

道膺说:"就是这样的滋味呀!"

良价禅师听了道膺的回答之后,点点头,说:"确实,本味最好!"

◎ 养心法语 ————————————————

在禅门里,每一位禅者都想找到自己的本来面目,那什么是自己的本来面目呢?像真如、自性、本体、佛心等种种的很多名相,其实都是自己的本来面目。然而不管是真如、自性、本体或是佛心,又有谁真正找到了其中的消息呢?

就如良价禅师与徒弟之间的对答,只要徒弟能从生活里的劳动服务,从生活里的饮食工作中,体悟只要本味,不计其他,这应该就是获得本来面目的消息了。

我是良遂

　　唐朝南岳怀让法系下有一位寿州良遂禅师，他是麻谷宝彻禅师的得法弟子。他刚到山西的麻谷山拜见宝彻禅师的时候，宝彻禅师什么话都没有说，拿起锄头就迳往园圃里去锄草。良遂见状，也紧紧跟在宝彻禅师的后头，一直跟到了园圃里，但是禅师连理都不理他。

　　宝彻禅师锄完了草，又回到方丈室，就冷冷地把门关了起来。良遂求见不成，还吃了个闭门羹，只好暂时先回到云水寮去。

　　隔天清早，良遂再次去求见，可是方丈室的门依然紧紧关着。

　　良遂又敲了敲门，方丈室里的宝彻禅师高声问："门外的人是谁啊？"

　　良遂应声回答："良遂！"就在这一刻，他心中忽然如电光一闪，顿觉迷惘的虚空粉碎了，良遂接着大声说："和尚，感谢您唤回了'良遂'。过去，我都给经论欺瞒了，一直到今天，才知道自己的本来面目是什么。感谢恩师，良遂在这里向您顶礼了。"

这时，宝彻禅师才开了门与良遂相见，并带领他一起到法堂。宝彻禅师一面指着良遂，一面对堂中的僧众说："你们大家知道的，良遂没有不知道的；而良遂知道的，你们大家都不知道。"

◎养心法语 ————————————

一个禅者必须读通千经万论，才能从千经万论的分别智中，觉悟到无分别智，然后才能悟道。所以，禅者不是不读书、不读经论就可以开悟的。就如六祖慧能大师，他可以在无尽藏比丘尼处听了《涅槃经》，就能为她讲解；在《坛经》里，有韶州的法海禅师来讨论"即心即佛"；洪州的法达法师来讨论《法华经》要义；寿州的智通来讨论"唯识"要义；信州的僧智禅师来讨论"如来知见"的问题等等，可见六祖并不是不识字、不解经义的。

　　良遂在宝彻禅师询问门外是谁时，他回答"良遂"而顿悟，良遂虽然说过去都给经论所欺瞒，实际上，经论也助长了良遂那一刻的悟道。因此，宝彻禅师才会带领良遂前往法堂与僧众相见，并为良遂印证："你们大家知道的，良遂没有不知道的；而良遂知道的，你们大家都不知道。"

大石作砚

盘珪永琢禅师是日本江户时代的临济宗僧人。他在年轻的时候，曾经因为精进苦行而体证"无生"的真理，此后，就常以"无生禅"为说法的内容。他的禅法平易近人，既不引经据典，也不谈玄说妙，经常对广大的民众施予教化。

盘珪禅师有一位名叫大石的信徒，经常向他参禅学道。有一次，盘珪禅师对大石讲说佛法"无生"的道理，但是大石始终无法理解，于是大石回去以后，就以"无生"为话头，早晚参究。过了一段时间，大石对此渐渐有了一些体悟，再度去找盘珪禅师，希望盘珪禅师能为他作一个印证。

大石向盘珪禅师讲述自己的见解："近来对'无生而生，生而无生'这样的道理有所契入……"

盘珪禅师颔首不语，只是静静地听大石说完话，顺手拿起身旁的一块石头砚台，顾左右而言他地对大石说："你仔细看，这块砚台，据说是过去平安时代有名的和歌僧人西行法师的作品喔！"

大石看着砚台，说："禅师，这块砚台的本来面目，早在西行禅师未出生前就存在了。"

盘珪禅师点点头，满脸微笑地将手上的石头砚台交到大石手上，说："那么，你终于认识自己了。"大石收下砚台之后，欢喜拜别而归。

◎养心法语 ———————————————

世间万法都是有生有灭的，就好像人有生老病死，物有成住坏空，而自性是不生不灭的。现在，大石经过多时参修，终于找到自己不生不灭的自性。当盘珪禅师故意告诉大石，石砚是西行禅师的作品，大石则回应说，砚台的本来面目早就存在，意思是本有的自性何须他人雕琢。因此，盘珪禅师便为他印可了。

无意占有

有道老禅师，禅风奇特，不收徒，不纳众，只有一个十五岁起就跟着他出家的侍者，一住就是悠悠二十余年的岁月，共同过着简单的生活。老禅师平日没有讲经说法，没有课徒教训，侍者拿饭来便喂他吃，拿茶来便喂他喝，就这么平常心过日子。

在一个寒冷的冬天，老禅师知道自己时日无多，就把唯一侍者找来，问他："你侍候老僧多少年了？"

侍者恭敬地回答："我记不得岁月了。"

老禅师说："山中无甲子，妙哉！妙哉！"

老禅师一边问话，一边慎重地拿起桌上的一本法卷，说："这么久以来，我没有东西给你，这本书是我恩师传给我的，至今已经是第七代了。现在，我把它传给你吧！"

侍者说："老师您自己受用，不必传了。"

老禅师说："我老了，不传可惜啊！"说着，便顺手把这本书递给侍者："你好好收藏、好好收藏。"

侍者双手接过法卷，忽然间，将之丢入身旁的火炉。在熊熊大火中，法卷化作一阵青烟。

老禅师圆睁着大眼喝问："你在做什么？"

侍者也不甘示弱地回应："你在说什么？"

两人对视之后，彼此哈哈大笑。

◎养心法语 ——————————

有道老禅师和侍者，师徒相处多年，虽然平日没有什么语言交谈，可是看起来，他们每日都在相互说法。没有二十余年的时光岁月，没有传法的法卷化为灰烬，没有最后二个人的哈哈大笑，又何能彼此印心呢？所以，禅门的师徒之道，实在是很奇妙啊！

竹篓接雨

镰仓时代的关山慧玄禅师，是信浓（今长野县）人，曾经在建长寺参禅三十多年，并且投在大德寺宗峰妙超禅师门下学习，成为法嗣弟子。慧玄禅师受到花园上皇及后醍醐天皇的尊崇，先后受封为"兴禅大灯""高照正灯"等国师名号。花园天皇退位后，将离宫萩原殿改为禅寺，礼请慧玄禅师做首任住持，成为临济宗妙心寺开山祖师，近代明治天皇还封他为"无相大师"。

早年，慧玄禅师隐居在岐阜县美浓伊吹山。有一天，山中忽然下起倾盆大雨，雨势一股脑地倒在年久失修的屋瓦上，不久，大殿便开始漏起雨来。

慧玄禅师一看，大声说："赶快拿东西来接雨。"

众弟子拼命翻箱倒柜，简陋的寺里就是找不到任何可以接雨的东西。

正当大伙儿忙得团团转的时候，突然间，有个小沙弥抓了竹篮子就往外跑。

甲僧问沙弥："你拿竹篮子做什么？"

沙弥说："接雨啊！"

乙僧说："竹篮子怎么接雨啊？"一众人等都哄然而笑。

然而，慧玄禅师却大大地奖励了小沙弥，可是那些忙得团团转的弟子们却被慧玄禅师严厉地训斥。寺中大众认为慧玄禅师有所偏颇，心想：大众忙着找容器，却遭受批评；沙弥拿个竹篮子接雨，竟然受到赞赏，大家认为慧玄禅师实在事理不明，难道禅是这么颠倒的吗？

◎ 养心法语 ————————————

世间的事情有深有浅，按一般的常理：漏水了，可以找个容器来盛；但是过量的大雨，就算有容器也接不了那么多的雨水。

寺里的沙弥拿了竹篮子当容器，当然接不住水，水流入于虚空，空就是沙弥的容器。所以在沙弥的心胸里，他看到的是虚空，这岂是一些小鼻子、小眼睛的人所能了解的呢？

慧玄禅师知道沙弥的根器，所以给予他赞赏，而大众不能深见如此，当然就有不同的抱怨。世间事，就是这样常常在半斤八两里认知，不能找寻到真理，故有此病耳。

佛会来吃吗?

　　唐朝宰相裴休是著名的护法居士。他宿信佛教，精研佛法，在唐武宗、宣宗之时，佛教遭逢会昌法难，裴休以重臣身份出面翼护，使得佛教在短短几年间，得以恢复旧观。中年之后的裴休开始茹素，焚香诵经，世称"河东大士"，他曾送儿子到寺院出家，著有《普劝僧俗发菩提心文》一卷。

　　裴休每次到寺院参访，经常会遇到寺院举办法会，所以常常看到一寺大众都忙着准备水果、菜肴来上供，以供养十方诸佛菩萨。

　　裴休十分不解，忍不住问殿主说："诸佛菩萨都有来吃吗?"

　　殿主说："怎么会不来吃呢? 如果不来吃，我们这样忙做什么呢?"

　　裴休又问道："既然诸佛菩萨会来吃，但是我看到你们供上去的供品，都没有减少分毫，他们哪里有来吃呢？"

殿主回答道："宰相你当然不会来吃，但是诸佛菩萨他们会吃呀！"

裴休听了殿主的话，似懂不懂，因此，殿主就进一步解释说："十方三世诸佛，如蜂采蜜，但取其味，不损色香。"

裴休闻言，廓然大悟。

◎ 养心法语 ———————————

一般信众平常都会用水果、菜肴来供养三宝，有的人就会想到："诸佛菩萨会来吃吗？"存有这种心，诸佛菩萨就不会来应供。世俗都还有云"心到神知"，你有心供养，还怕佛菩萨不知道吗？因此，有谓"佛法在恭敬中求"，正如《金刚经》的赞偈一开始便说："断疑生信。"所谓心意到了，那么一切就都完成了。

两重公案

蕲州（今湖北蕲春）的北禅寂和尚，号悟通大师，得法于唐末五代的云门文偃禅师。

有一天，一位僧人到北禅院参礼北禅寂和尚，北禅寂和尚就问他："你是从什么地方来的？"

这名僧人恭敬地回答："学人是从黄州（今湖北黄岗一带）来的。"

北禅寂和尚又问："那么，你住在什么寺院呢？"

僧人回答："学人住在资福院。"

北禅寂和尚听了，反问他说："既然你是从资福院来的，你的资粮、福德必定很多吧？"

僧人回答道："不多。'两重公案'，不值一说。"

北禅寂和尚看着他，追问："既是资福院来，总要道个原委吧！"

僧人回答："一是对面千里，二是隔墙有耳；你叫我怎么说呢？"

北禅寂和尚知道来者是个禅门高手，便嘱咐客堂善加接待。

◎ **养心法语** ————————————

"两重公案"在禅宗里面，指的是只知道模仿他人的公案，或拈举或评论，装模作样，可是都不出前贤余话的意思，因为这只是画蛇添足、多此一举。所以，有的禅者拾人牙慧、了无新意，都是两重公案。

现在，这个僧人为了让对方了解我可不是两重公案的人，所以他回答"对面千里"，意思是对面千里，怎么听呢？接着，他又说隔墙有耳，因为隔墙有耳又怎么好说呢？也就是，所问之资福事，前人早就说了，我不必再说。

因此在禅门，只要一开口，人家就知道你有没有了。

这里有菩萨吗？

有一天，沩山灵祐禅师和仰山慧寂禅师一同去牧牛。

休息时，沩山禅师有意试探仰山禅师对佛法的领悟，便指着眼前的牛群问道："你说，在这些牛当中有没有菩萨呢？"

仰山禅师当下会意，知道老师有意考验自己，于是气定神闲地回答道："有的。"

沩山禅师抓紧话头，逼问道："好，既然你说有，是哪一头呢？指出来看看吧！"

仰山禅师在老师面前也不甘示弱地反问："老师，您说，哪一头牛不是菩萨呢？不妨也指出来看看。"

沩山禅师一听，鼓掌说："好汉，好汉！"接着又问："既是菩萨，把他们请回去供起来。"

仰山禅师立刻说："菩萨要在人间服务，何必供起来呢？"

　　沩山禅师再一次说："好汉，好汉！"然后又再问："既是在人间服务的菩萨，怎么都不说法呢？"

　　仰山禅师回答："禅者，无法可说。"

　　沩山禅师不觉再说一次："好汉，好汉！"

◎ 养心法语

　　二千六百年前，佛陀在菩提树下金刚座上开悟后所发表的第一句话就是："大地众生皆有如来智慧德性。"牛群是众生，又怎么不是佛菩萨呢？这不是说哪一头牛是菩萨，而是所有的众生都是菩萨。沩山禅师原本想把仰山禅师逼到角落上，让他难以还手；哪知道，徒弟仰山禅师也不是等闲之辈，再回敬老师一招："老师，您说，哪一头牛不是菩萨呢？"意思是，老师你何必只见一个，不见全体呢？所以，沩山禅师连续三称："好汉，好汉！"就是肯定仰山禅师。他们师徒二人平常论道，都是这样语带机锋，各自交心。

好一座僧堂

有一天，黄龙慧南禅师带着弟子隆庆庆闲禅师巡视新建成的僧堂。走了一圈之后，慧南禅师赞叹道："好一座僧堂！"

庆闲在一旁听了，也跟着说："好一座僧堂！"

慧南禅师回过头看了庆闲一眼，问道："那你说，这座僧堂好在哪里？"

庆闲回答："老师，您看，整个建筑群的一梁一柱，就像佛法灯灯相续，绵延不绝。"

慧南禅师摇摇头说："不对，这座僧堂的好，不是好在这里。"

庆闲好奇地问："那么老师，您认为是在哪里呢？"

慧南禅师指着前方的柱子说："你看，这根柱子做得这么圆，那根柱子做得那么扁，这是什么道理？"

庆闲说："柱子要做成圆的，或方的，或扁的，就如人的一生，随着他的因缘环境而有不同的结果，这个问题太高深，只有老师您能回答。"

两个人一边说，一边慢慢地走到僧堂外面。慧南禅师忽然停下脚步问庆闲说："你将来悟道以后，要如何接引众生？"

庆闲认真地回答："就像这些梁柱一样，遇方则方，遇圆则圆。对方是什么样的根基，就给他什么样的佛法。"

慧南禅师点点头，称许庆闲说："很好！你已经能灵活运用佛法的心要了。"

◎养心法语 ——————————

僧堂建好了是"相"，看到相，是表面，"用"在哪里呢？慧南禅师问学僧柱子做成圆，做成方的道理，意思是僧堂的功用是要契理契机。学僧终于从老师的话中了解，一座寺院里面的佛殿、僧堂，不只是供养佛像、让僧侣居住，它的主要功用是在弘法利生。好比远途的旅人，可以借着休息充实饮水粮食。因此，替众生加油，这才是僧堂的功用啊！

说了你也看不见

瑞州黄檗山的无念深有禅师是明朝时候的僧人，俗姓熊，黄州麻城（今湖北境内）人，十六岁时披剃出家。

有一天，有一位云水僧前来向无念禅师参问道："请问禅师，一个人如果参禅有所得，能够见到佛性，是否就算是成佛了呢？"

无念禅师简捷地回答他说："是的！"

云水僧听了，非常疑惑不解地追问无念禅师说："可是佛性是无形的，又怎么能够看得到呢？"

无念禅师看了云水僧一眼，摇摇头说："你说错了！佛性是有形的，只不过你看不见罢了。"

无念禅师这么一回答，云水僧更加不明白了，问道："如果佛性真是如您所说，它是有形的，那么，现在可否请禅师指出来看一看呢？"

无念禅师沉默了一会儿，微笑看着云水僧说："就算我说了，你还是看不到啊！"

　　云水僧至此于言下有所领会，便作礼而退。

◎ 养心法语 ——————————————

　　佛性真如，是人人本具、个个不无的。就算你看不到，也不会减少一分一毫；你看到了，也不会因此而增加一分一毫。大地山河，一切法界，无一不是佛性的流露，明眼人怎么会说看不到呢？即便是珍珠钻石，如果你不识宝，就是你拥有它，你也不知道它的价值啊！

　　真如佛性，不是说有说无的境界，真如佛性，是离开语言文字的，必须要超越了一切，那自然就会在当下现前了。

力气使尽

　　唐代的浮杯禅师，是马祖道一禅师的法嗣弟子。

　　某天，有一位在家女居士凌行婆去拜访浮杯禅师，浮杯禅师招呼她坐下来喝茶。

　　凌行婆问他："禅师，即使费尽力气也做不成的事情，还可以请谁来帮忙呢？"

　　浮杯禅师摊开双手，微微一笑说："我一切都完成了，你还要我做什么？"

　　凌行婆听了，语带讥讽地说："传闻浮杯禅师机锋稳健迅速，老婆子我还没来这里时，就非常怀疑这样的说法呢！"

　　浮杯禅师知道眼前这位妇人是来勘验自己的，便反问："如果你还有未完成的，你该委托什么人呢？"

　　凌行婆说："只有委托你了。"凌行婆看浮杯禅师没有回答，也没有进一步的动作，只好接着又说："我痛哭三天，看你睬也不睬？"

　　浮杯禅师说："不要哭，不要哭！"

　　语毕，二人同时哈哈大笑。

　　◎养心法语 ————————————————

　　在唐宋时代，除了禅门的高僧以外，在家信者高层次的也很多，例如庞蕴居士、大文豪苏东坡等人。这一位凌行婆，看来也是一位不简单的人物，她出口就问浮杯禅师，费尽力气也做不成的事，你能帮助我什么吗？浮杯禅师两手一摊，表示自己一切都完成了。因为，禅者都靠自己解决问题，一切都靠自己完成，别人是帮不上忙的。等于吃饭，人家能帮我吃饭吗？睡觉，人家能帮我睡觉吗？凌行婆想把自己所悟的道，请浮杯禅师来印证，却转弯抹角，最后才把主题说了出来。禅门，有的直来直去，有的也有转弯的余地，就看双方对阵，是怎么样的阵势了。

是谁在骗人？

福建漳州的保福从展禅师，是唐末五代临济宗的僧人，年少的时候，即依止雪峰义存禅师参禅并且得法。后来，应漳州刺史王钦的礼请，前往福建龙溪保福山开山，一住山就是近十二年，依止他参禅学道的人，多达七百余人。

有一天，从展禅师看到一位学僧从他的面前经过，便叫住他，问道："你是做了什么功德福业，才会长得这么高大啊？"

学僧知道老师有意试探他，当下调皮地说："禅师，先不说学人为什么会长成这样，那么您究竟是矮了多少呢？"

从展禅师立刻躬身蹲了下去，做出很矮的样子。

学僧看了禅师这个举动，忍不住笑出来，说："老师，你别再骗人了。"

从展禅师这时一脸正经地回应他："不是我在骗人，是你在骗人。"

学僧被禅师这突如其来的话吓了一跳，急忙说："我身高虽高，但我没有骗人啊！"

从展禅师严肃地说："你以为你是丈六金身，这还不是骗人吗？"

◎ **养心法语** ————————

世间上，各行各业都有骗人的事情发生，以一句慨叹的话来说"古今一骗"也不为过。就是修行悟道的人，有些是真的大彻大悟，有的则冒充行家，这也不是没有啊！究竟是不是行家，假如你遇到真的行家，只要一开口，就知道你有没有了。

悟道，是不能骗人的，学问，四两可以勉强冒充半斤，但是悟道，四两就是四两，半斤就是半斤，是不能骗人的喔！

因有才借

唐朝时候，潭州（湖南）道吾山的圆智禅师与椑树慧省禅师，二人曾经同在药山惟俨禅师的座下参禅。由于彼此的禅法功夫相当，经常在道业上相互勉励。

有一天，道吾禅师才刚从外面回来，椑树禅师开口便问他："你到哪里去了？"

道吾禅师说："去探望一位大德。"

椑树禅师接着又问："你去看他，有什么目的吗？"

道吾禅师说："去向他借个东西。"

椑树禅师不以为然地说："他有的东西，你可以借得到；他没有的，你要怎么借呢？"

道吾禅师向他眨了眨眼，俏皮地说："就是因为他有，所以我才去借啊！"

椑树禅师说："难道你自己没有吗？"

道吾禅师知道遇到高手了，就回答他说："有、无都一如也！"

◎ 养心法语

道吾禅师在药山惟俨禅师座下，也是一位重要的人物，现在遇到同参道友椑树禅师忽然跟他打起禅门的机锋来了。椑树禅师问他到哪里去，道吾禅师回答，向长老借东西去。因为在生活里面，每个人总需要一些衣食住行的杂物，但是椑树对道吾去借什么东西他不问，只是打个机锋："难道你自己没有吗？"意思是，真如佛性还可以借吗？

道吾禅师也知道对方有意借禅机刁难，为了不甘示弱，只有总结说一句："有、无都一如也。"也就是说，不论有和没有、你的我的，都平等一如也！

卷三

能够看到自己，心就不会被我相、人相、众生相、寿者相等「四相」所迁。能以闻思修进入禅定，何患修道无成呢？

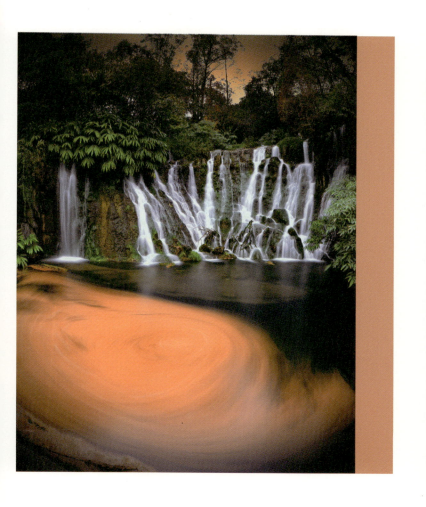

回忆是黄昏美景，幻想是黑暗无光，
理念是日正当中，实践是行走山河。

佛在何处？

唐顺宗有一次问佛光如满禅师道："佛从何方来？灭向何方去？既言常住世，佛今在何处？"

如满禅师答道："佛从无为来，灭向无为去。法身等虚空，常住无心处。有念归无念，有住归无住。来为众生来，去为众生去。清净真如海，湛然体常住。智者善思惟，更勿生疑虑。"

顺宗皇帝不以为然地问："佛向王宫生，灭向双林灭。住世四十九，又言无法说。山河与大海，天地及日月。时至皆归尽，谁言不生灭？疑情犹若斯，智者善分别。"

如满禅师进一步解释道："佛体本无为，迷情妄分别。法身等虚空，未曾有生灭。有缘佛出世，无缘佛入灭。处处化众生，犹如水中月。非常亦非断，非生亦非灭。生亦未曾生，灭亦未曾灭。了见无心处，自然无法说。"

　　顺宗皇帝听后非常欣悦，对禅师益加尊重。

◎ *养心法语* ─────────────────────

　　有人常常问道："阿弥陀佛在西方净土，药师佛在东方世界，那么释迦牟尼佛现在又在哪儿呢？"其实释迦牟尼佛正在常寂光净土，而常寂光净土又在哪里呢？这种问题，经禅者答来，就非常活泼，因为有心，看到的是生灭的世界，那是佛的应身；无心，看到的是不生不灭的世界，那才是佛的法身。无心就是禅心，唯有用禅心，才知道佛陀真正在哪里。

　　"有缘佛出世，无缘佛入灭"，灭不是生灭的灭，灭是涅槃境界。在常寂光净土则灭除一切烦恼、差别、对待，是绝对解脱快乐的寂灭世界，那就是佛的世界。

卖油翁

有一天，赵州从谂禅师到桐城县，与安徽舒州的投子大同禅师相遇在投子山，赵州禅师问对方说："您是投子山主吗？"

大同禅师将手摊开说："盐、茶、油，请随意买一些。"

赵州禅师根本不理睬他，直接快步走到寺庵，大同禅师随后也提着一个油瓶，回到了庵中。赵州禅师一见，不以为然地斥责道："久闻投子山大同禅师之名，原来只是一个卖油翁。"意思说，你是大名鼎鼎的禅师，不去弘扬禅道，怎么到外头卖油。

大同禅师不甘示弱地回答："我也久闻赵州禅师的盛名，原来是个俗人！你只认识卖油翁，却不认识投子山主！"

赵州禅师反问："我何以是个俗人？"

大同禅师答："因为你不认识投子，所以我说你是一个俗人。"

赵州禅师再问："那如何是投子？"

大同禅师提起油瓶说："油！油！"

后来投子山的胜因禅院就是由大同禅师所开山。

◎ **养心法语** ─────────────────────

大同禅师在圆寂前曾说："吾塔若红时，即吾再来。"一百余年后，信徒修塔，果然发现玛瑙色的舍利塔，这时投子义青禅师恰巧也来投子山胜因禅院挂单，于是大家都称他为"开山再来"。义青禅师并作有开山塔颂："白云锁不住，青峰以何收？月色笼寒塔，松声半夜秋。"

义青禅师其实就是大同禅师的再来人。舒州太守杨杰曾赞叹大同禅师说："一只履，两片皮，金莺啼处木鸡蜚，半夜卖油翁发笑，白头生得黑头儿。"如何是投子？油！油！柴米油盐日常生活的亲切处，就是投子禅师的法脉渊流，这正所谓禅不能离开生活。

真假妄语

大德道光禅师有一次问大珠慧海禅师："禅师！您平常用什么心修道？"

慧海禅师说："老僧无心可用，无道可修。"

"既然无心可用，无道可修，为什么你每天要聚众劝人参禅修道呢？"

慧海禅师："老僧我上无片瓦，下无立锥之地，哪有什么地方可以聚众？"

道光禅师："事实上，你每天都在聚众论道呀，难道这不是说法度众？"

慧海禅师："请不要冤枉我，我连话都不会说，如何论道？况且，我连一个人都没有见到，怎么说我在度众呢？"

道光禅师非常不解："禅师，您这可打妄语了！"

慧海禅师："老僧连舌头都没有，怎么会打妄语呢？"

"难道这个世间，你和我的存在，还有你参禅说法的事实，都是假的吗？"

慧海禅师："那一切都是真的！"

"既是真的，你为什么都要否定呢？"

慧海禅师说："假的要否定，真的更要否定！"道光禅师终于大悟。

◎养心法语 ————————————

说到真理，有时要从肯定上去认识，有时也可从否定上去认识。如《心经》所说："色即是空，空即是色，受想行识，亦复如是。"这就是从肯定中认识人生，认识世间。

《心经》又云："无眼、耳、鼻、舌、身、意，无色、声、香、味、触、法。"这就是无六根、六尘。无六根、无六尘，就没有主观的自我，也没有客观的境界，这是从否定中来认识人生，认识世间。

慧海禅师的"否定一切"，不是妄语，因为否定一切，才是肯定一切。所以，学禅的人，有时候从否定里肯定，有时从肯定里否定，那都是禅！

到处是路

有一天，洞山良价禅师前去探望罹患重病的学僧德照。

德照一见良价禅师，就凄楚地说："老师，您忍心看着弟子就这样不明不白地死了吗？"

良价禅师问："你是谁家的弟子？"

德照回答："我是大阐提（比喻无佛性之人）家的弟子。"

良价禅师两眼逼视着德照，沉思不语，德照非常焦急，就问道："当四面的高山向我逼近时，老师，我该如何是好？"

"我以前也是从人家屋檐下走过来的。"

"那么，我和老师在屋檐下相遇时，要不要互相回避呢？"

"不必。"

"假如不回避的话，您又要叫我到哪里去呢？"德照着急地问。

良价禅师指示说："五趣、六道、十法界，到处是路，你何必忧虑？如果你不放心的话，可以去垦地种粮。"

德照听了以后，就说："老师，请珍重！"然后就坐定入灭了。

良价禅师叹息："你虽然能这样出去，但是却不能这样回来呀！"

◎ 养心法语 ————————————

德照世缘尽时，仍不忘寻找生死之外的出路，就如他说的，当生老病死逼近时，要如何才好呢？良价禅师指示他"到处是路"，可是哪一条路才是正路？这就不是人人可以找到的。垦地种粮，就是我们还要补因、种因、修因，这才是修道者应该注意的课题。

德照安心入灭，是因为他已经找到了出路。可是，正如良价禅师所说，他出得去，却回不来。可见就算是一个禅者，要能来去自如，生死自如，确实不是一件容易的事。

死而复活

南泉普愿禅师有一次在打坐时，突然大吼一声，侍者吓了一跳，赶紧走到南泉禅师的身边问道："老师，您怎么了？"

南泉禅师说："你去涅槃堂看看，是不是有人圆寂了。"

侍者在半路碰巧遇到涅槃堂堂主，于是相偕向南泉禅师报告：刚才确实有一位云水参学的禅僧圆寂了。话才刚说完，就看见一位知客僧匆匆跑来，向南泉禅师说道："刚才圆寂的禅僧又复活了。"

南泉禅师问道："那么他现在怎么样啦？"

知客僧就说："他想求见老师。可是那禅僧一向不知修福，不肯结缘，所以大家都不太愿意帮他忙。"

于是南泉禅师亲自到涅槃堂，探望这位生病的禅僧，他问禅僧道："方才你到哪里去了？"

禅僧回答："我到阴间去了！"

南泉禅师再问："阴间的情形如何？"

禅僧回答："我大约走了一百里路，就手脚疼痛得走不动，尤其喉咙干渴得很。此时，忽然有人叫我进去大楼阁里，因我实在累了，很想进去休息。哪知才一上楼，就有一位老僧对我怒吼，不许我上去，吓得我抽身往后倒下，所以我现在才能再见到老师。"

南泉禅师说道："那是一所多么富丽堂皇的大楼阁呀！但是没有积聚福德，怎能进去？假如你不是遇见老僧，恐怕早已钻进地狱受苦了。"

这位禅僧从此日夜不停地积德修福，活到七十多岁才安然坐化，人称"南泉道者"。

◎ 养心法语 ————————————

南泉禅师在定中可以上天，也可以入地，所以他在定中大吼一声，能把已死的人送回阳间。有人说禅师们经常违逆人情，但如南泉禅师如此关爱弟子，甚至对将下地狱的人，也再给他一次重生的机会，哪里是不通人情？

　　禅不是完全违逆人情，也有随顺人情的一面，甚至是非常通达人情的。

除却心头火

宋朝时，有一位久战沙场的将军，他实在厌倦了战争，很想剃度出家。他去拜访大慧宗杲禅师，禅师劝他不必出家，留在社会上、家庭中奉行佛法也是一样，不过将军十分坚持，表明已看破了红尘，请禅师慈悲收留。

大慧禅师说："你有家庭、有妻子、有儿女，而且社会习气太重，所以不能出家。"

将军说："我现在什么都能放下，妻子、儿女都不成问题，请您即刻为我剃度吧！"大慧禅师还是没有答应。

有一天，将军起了一个大早，到寺里礼佛，大慧禅师就问："将军，今天怎么这么早就来拜佛呢？"

将军学着以禅偈来回答："为除心头火，起早礼师尊。"

大慧禅师就开玩笑地回应："起得那么早，不怕妻偷人？"

将军听了非常生气，粗暴地大骂："你这老怪物，讲话太伤人！"

禅师哈哈一笑说："轻轻一拨扇，性火又燃烧，如此暴躁气，怎算放得下？"

意思是说，我不过才一句话，你心中的嗔火就烧起来了。像这样不能忍耐、容易暴躁，怎么能说放得下？

◎养心法语 ———————

我们常说"放下，放下"，不是口说放下就能放下，有时"说时似悟，对境生迷"，习气也不是说改就能改的，正所谓"江山易改，本性难移"。

做人，最好能像手上拎的皮箱，有时候皮箱要提得起，但是，到了目的地以后，皮箱也要能放得下。有的人提得起，放不下；有的人放得下，提不起。

奉劝想学道者，莫因一时之冲动而贻笑他人。

老婆心切

临济义玄禅师在黄檗希运禅师座下参学三年，不曾一问，后来受睦州道明禅师鼓励，前去法堂请示黄檗禅师"什么是祖师西来意"，前后问了三次，三次都挨了打。临济禅师百思不解，深感自己根钝，业障太重，不能彻悟，于是辞别黄檗禅师下山参学。

临济禅师到江西请谒高安大愚禅师，大愚禅师问："黄檗禅师近来有什么法语教你？"

临济禅师就将三次请问、三次被打的经过全盘托出，不明白自己究竟错在何处。大愚禅师大笑："黄檗啊！黄檗！你未免太老婆心切了，你为弟子这样的解除困惑，而他居然还到我这里问有无过错？"

临济禅师听后，忽有所悟，说："原来黄檗佛法无多子。"意谓黄檗的佛法，原来不是那么简单。

大愚禅师一把抓住临济禅师，喝问："刚刚你才说百思不解，现在却说黄檗的佛法不那么简单，你究竟知道了什么？快说！快说！"

临济禅师不答，却朝大愚禅师肋下打了三拳，大愚禅师也不还手，只是微笑着慈祥地说："现在既已明白，还不快回去谢谢老师的苦心教导。"

临济禅师又回到黄檗禅师处，黄檗禅师看到他回来，就说："来来去去，没有一个了期！"

临济禅师说："只因老婆心切。"接着将自己向大愚禅师请教的经过，告诉黄檗禅师。

黄檗禅师说："这个多事的大愚，等他来时，要好好打他一顿。"

临济禅师马上回答："还等什么？要打现在就打……"说完就劈头一拳向黄檗禅师打过去。

黄檗禅师没有生气，却笑逐颜开地说："只有你才能回报我对你的恩情。"

◎ 养心法语 ——————————————

打骂，本是最粗鲁的行为，但禅师们用来传达消息，甚至还说这是"老婆心切"，而弟子回打老师，老师非但不生气，认为这才是回报他的恩情。如果就世俗来讲，"打是情，骂是爱"，慈母棒打爱儿，是"爱之深，责之切"，何况禅者超越一般世俗的形象，打骂更能表达他们的禅心。

错用心

八仙中的吕洞宾，有一次路过黄龙山，看到紫云成盖，心想山中必有得道之人，便一路寻访来到了黄龙诲机禅师的寺院，看到寺内正在击鼓升座，于是也随着大众进到法堂内听法。

诲机禅师正要说法，忽然看到吕洞宾，厉声说："今天有人来盗法！"

吕洞宾马上走出来，向诲机禅师作揖，并问："'一粒粟中藏世界，半升铛内煮山川'是什么意思？"

诲机禅师指着他骂："你这个守尸鬼！"

吕洞宾得意地说："我有长生不死的灵药！"

诲机禅师不客气地直言："就算能长生不死，可是活到八万劫，一样不免一死，仍然无法得到真正的解脱。"

吕洞宾听了又惊又怒，以飞剑刺向诲机禅师却刺不进，心里一惊，赶紧礼拜悔过，请诲机禅师指点解脱之道。

诲机禅师说："'半升铛内煮山川'就不谈了，但你知道什么是'一粒粟中藏世界'？"

吕洞宾一听，言下大悟，便说一偈：

> 弃却瓢囊摵碎琴，如今不恋水中金，
>
> 自从一见黄龙后，始觉从前错用心。

◎养心法语 ──────────

禅者重悟道解脱，不重神通，吕洞宾虽然有神通变化，能长生不老，终究无法得到真正的解脱。其实，仙家所追求的长生不老，不过是相对于一般人的数十寒暑来说，千万年后仍然不免一死。

从佛教缘起的观点来看，生命本来就是无始无终，生与死只是一体之两面，生是死的肇端，死则是另一期新生的开始。人活着并非只求色身的永存，而在于能否活出生命的意义，与其想尽办法留住这个必定会有生老病死变化的色身，倒不如把握当下，活得清楚充实。

般若船

有一位学僧问天台德韶禅师："想要进入无为海，须先乘坐般若船。请问什么是般若船？"

德韶禅师回答："常无所住，即不执于一处。"

学僧又问："什么是无为海？"

德韶禅师答道："须先领会般若船。"

"古德有云：'登天不借梯，遍地无行路'，什么是登天不借梯？"

"不滞留一处。"

学僧问："那什么又是'遍地无行路'呢？"

德韶禅师忽然对学僧大喝一句："刚刚我对你说什么？"

学僧惶然不解。

德韶禅师见学僧未解禅意，只得老婆心切地说："百千三昧门、百千神通门、百千妙用门，都不出般若海，为什么？因为都以无住为本来建立诸法。所以，一切的生灭、去来、邪正、动静等千变万化，都不出诸佛大定门。"

◎养心法语 ────────────

　　般若智慧是帮助我们度过生死苦海、到达涅槃彼岸的船筏，所以称为"般若船"。它可以使我们由"迷"的此岸到达"觉"的彼岸，如果没有般若，就无法与真理相应；如果没有般若，就无法开发智慧，由此可知般若智慧的重要。

　　定门，又称禅门。学禅，最主要是向自心去参，去探究我们的本来面目。通过"禅"，能开启我们的般若智慧，所以禅不可不参，禅不参则心地不明。有了般若，就不会执著于世间有为法的生灭相，就不容易被苦乐所动摇，因为般若有知苦灭苦、观空自在的功用，能让我们看清世间的实相。

心道一如

　　某天，有一位远禅师询问司空山的本净禅师说："请问禅师，如果依您的看法，什么是道呢？"

　　本净禅师回答："无心是道。"

　　远禅师质问道："道因心有，怎么说无心就是道呢？"

　　"道本无名，因心而有'道'的名称；如果心有名称，那么'道'就不会是虚无的。既然穷究心是无，那么道又是依凭什么而建立的呢？此两者都是虚妄的，都不过是假名而已。"

　　远禅师又进一步诘问："禅师现有的身心，就是道吗？"

　　本净禅师肯定地回答："山僧的身心本来就是道啊！"

　　远禅师反问："刚才禅师您说无心是道，现在又说身心本来就是道，这岂不自相矛盾？"

本净禅师一听，不禁哈哈大笑，说："无心就是道，心灭则道无；心与道一如，所以说无心是道。再者，身心本来是道，道也本来是身心，身心本是空，道穷源亦无有。"

远禅师说："禅师看起来身躯矮小，却能会悟此理。"

本净禅师答："大德，您只见山僧相，不见山僧无相，见相者是大德所见，经上不是说，凡所有相皆是虚妄，若见诸相非相，即悟其道。若以相为实，穷劫不能悟道啊！"

◎ 养心法语 ———————————————

本净禅师向来接引学人，都以"即心是佛，无心是道"为心要，作为入道的法门。佛在心中，道就在当下，无心即无想、无念、无所求。远禅师无法体会本净禅师所说的"无心是道"，又执迷于身心是道或非道，因此禅师才提示他，凡所有相皆是虚妄，

155

若能见诸相非相，就能悟道。

禅，是自然天成的本来面目，凡一切事，毋须刻意用心，因为有心就着相，无法与禅心相应。

豆腐禅

以前有一个卖豆腐的老王，经常挑着豆腐到寺院里来卖。每次经过禅堂的时候，他心里老是觉得纳闷："奇怪，为什么上百人待在房子里，居然能够一点声音都没有呢？"所以，他一直很想进去一探究竟。

古代寺院的禅堂规矩森严，哪里能容得一般人随便进出。因此，他不断地向香灯师说好话，央求香灯师同意让他进去禅堂里看一看。

最后，香灯师终于说："好吧！你可以进去，但是你必须在里头坐香参禅。"老王听了，高兴地点点头，于是香灯师就在一个角落边上，给老王找了一个蒲团让他端坐，并且教他如何眼观鼻，鼻观心。

开始坐香之后，偌大的禅堂里非常安静，老王很好奇这许多人怎么都能够静坐不动，因此他不停地左顾右盼，四处张望着，根本没办法眼观鼻，鼻观心。

到最后，终于没有东西可以让他张望了，只有依样画葫芦，跟着别人一样闭起眼睛来参禅。

时间一久，实在闷得无聊，老王也不知道该怎么办。可是随着时间的流逝，慢慢地，他的心开始沉静了下来。所谓"静而能定，定而生慧"，老王忽然想起三年前，隔壁的张老头向他买了十块豆腐，每块豆腐是五毛钱，至今那五块钱都还没有给。

老王感到非常欢喜，离开禅堂之后，他逢人就说："参禅真好啊！让我想起张老头欠我的五块钱还没有付，你看，参禅坐一支香还能赚回五块钱呢！"

◎养心法语 ————————————

这是禅门里很有名的豆腐禅故事，参禅不是打妄想，也不是要让我们回忆往事。只是，我们也可以从这段故事中，学习到一点禅门的消息。

人在动乱中，常会忘失了自己。但在寂静的时候，好像水没有风浪，一旦平静澄清了，就可以看到水底；同样地，心静了下来，心海无波，就可以看到自己的内心。

　　能够看到自己，心就不会被我相、人相、众生相、寿者相等"四相"所迁。能以闻思修进入禅定，何患修道无成呢？

无男女分别相

唐朝的幽州谭空禅师是临济宗的僧人，为临济义玄禅师之法嗣。

有一位比丘尼，历经多年行脚参学之后，回到镇州（今河北正定），准备开堂说法。当时，镇州牧就请谭空禅师验证这位比丘尼是否真有所悟。

谭空禅师问道："听说你准备开堂说法，这件事可是真的？"

比丘尼恭敬地回答："是真的！"

谭空禅师接着就说："女众有五障之身，不能开堂说法。"

这个比丘尼引《法华经》中八岁龙女成佛的事迹，反问道："以前，龙女虽然只有八岁，却往南方无垢世界成等正觉。禅师！请问龙女成佛，又有几障？"

"那好，"谭空禅师拄杖一振，说，"龙女现十八变，你倒变一变看看！"

比丘尼回答："我又不是野孤精，能变个什么？"

谭空禅师双眼一瞪，举起拐棍就想打过去。

比丘尼则说："劳驾您这一棍，把一些妖言惑众的人打到三界外去。"

谭空禅师闻言，哈哈大笑而去。

◎养心法语

佛陀成道的时候，第一句宣言就说一切众生平等，皆有如来智慧德相；佛经里也不断喝斥对男女相的分别心，不管禅也好，道也好，都是不分男女的。

佛世时，大爱道比丘尼是最受比丘尊敬的长老，莲华色比丘尼的神通可与目犍连媲美；优波遮罗证悟空慧，是连舍利弗尊者也都赞许的。故而，哪有比丘尼就不能开堂说法的道理？若说女人有五障，难道男性就没有业障吗？

佛法在恭敬中求，不仅不应说人之短，也不可炫耀己长。那么，谭空禅师大笑而去，究竟是惭愧呢？还是欢喜呢？

人人皆佛也

唐朝的南阳慧忠国师，是一位通达经律的禅门大德。他十六岁时，就因仰慕六祖慧能大师之名前往曹溪参拜，获得心印之后，隐居在南阳白崖山党子谷，四十年不曾下山，受到唐代三朝皇帝（玄宗、肃宗、代宗）的敬重，而被尊为国师。

鱼朝恩，唐玄宗时入宫为太监，后来得到肃宗皇帝的宠信重用，担任天下观军容使一职。

一日，鱼朝恩前来访问慧忠国师，问慧忠国师说："有人说，禅师如佛，请问你是佛吗？"

慧忠国师回答："佛者，没有你我，人人皆佛也。"

鱼朝恩自恃权势地位很高，心中傲慢，听了此话以后，非常不以为然，便想再有所反诘，他还来不及开口，就听到慧忠国师问："我听到有人说观军容使您是天子，这是真的吗？"

明·宋旭·达摩面壁图（旅顺博物馆藏）

每一时间都是黎明，每一挑战都是机会，
每一逆境都是考验，每一善行都是创造。

鱼朝恩一听，知道此话一回答，很容易使自己犯下大逆不道之罪，便赶快跪下来说："死罪，死罪。"

　　慧忠国师又再问道："观军容使既不是天子，那就是庶民了？如是庶民，何能傲慢？"

　　鱼朝恩一副骄横的神情立刻就变了。

◎养心法语 —————————————————

　　佛是人成的，人人是佛，此理易明。

　　天子也是人做的，但皇权不容侵犯。就是骄横一时的鱼朝恩，虽然欺压善良，但也不敢自为天子。

　　其实，佛法平等，人人是佛，大地众生皆有如来智慧德相，何用权势加之于人呢？

何谓菩萨？

唐朝时，有一位年轻的禅僧，久闻长沙景岑禅师的大名，便前来参访。

他第一句话问景岑禅师的就是："谁是文殊？"

景岑禅师说："你是。"

禅僧又问："谁是普贤？"

景岑禅师回答："你是。"

禅僧再问："那谁是观音？"

景岑禅师仍然答道："你是。"

禅僧很茫然地问道："那谁是地藏？"

景岑禅师还是回答："你是。"

不论这位禅僧问什么，景岑禅师的回答都是"你是"这两个字。

禅僧终于很怀疑地问："禅师您的话，我没有办法领悟。"

景岑禅师说："这么简单的问题，你为什么没有办法领悟呢？"

　　禅僧就说："文殊、普贤、观音、地藏是经过百千劫的修行，我，一介凡僧，怎么是文殊、普贤、观音、地藏呢？我怎敢跟他们相比呢？"

　　景岑禅师哈哈一笑，就说："观音菩萨慈悲，你有慈悲吗？"

　　禅僧说："有一些。"

　　景岑禅师再问："地藏菩萨有愿力，你出家有愿力吗？"

　　禅僧回答："我也有一些。"

　　景岑禅师又问："文殊菩萨具足智慧，你有智慧吗？"

　　禅僧回答道："应该有一点。"

　　景岑禅师最后就问："你有修过苦行吗？"

　　禅僧点点头，然后肯定地说："有啊！"

　　景岑禅师终于说："那就是了！你在受戒的时候，不都向老师承认你是菩萨吗？为什么你现在不敢承担呢？"

　　禅僧终于言下有省。

大乘佛教传播到中国有所谓的四大名山，即山西五台山文殊菩萨、浙江普陀山观世音菩萨、安徽九华山地藏王菩萨和四川峨嵋山普贤菩萨。这四大菩萨就是中国大乘佛教的象征，大乘佛教的主要精神就是"悲智愿行"。

出家人在受戒的时候，都要受菩萨戒，自己要先发愿做菩萨，受菩萨戒。甚至释迦牟尼佛成道的时候也说，大地众生皆具有如来智慧德相，人人是佛，只因妄想执著，而不能证得。"我是佛"都敢接受了，为什么菩萨不敢接受呢？

太虚大师曾说："比丘不是佛未成，但愿称我为菩萨。"我们能可以肯定自己是菩萨，行菩萨道，又有何不可呢？

悟道者的形象

　　日本临济宗的僧人白隐慧鹤禅师，静冈县人。十五岁在松隐寺出家，得法于信浓（长野县）饭山的正受老人。

　　白隐禅师生平不慕名利，曾游历日本诸国弘讲教法，随缘度化有情，振兴了日渐衰微的临济宗。

　　在白隐禅师的众多在家弟子中，有一位沙子夫人，她对禅法已有一些体悟，也得到禅师的印可。

　　有一次，沙子夫人所疼爱的女儿因病过世，白隐禅师带着弟子们去探望她。一行人到了沙子夫人家门前，看到她竟与世俗人一般，为痛失爱女而号啕大哭。几位在家居士忍不住皱起眉头劝她："别哭了！你都已经是悟道之人，应该明白世间无常的道理，怎么还有那么多的伤感呢？"

　　沙子夫人并没有因此而停止哭泣，反而哭得更伤心了。

众人眼见劝她不动，只好无奈地将目光朝向白隐禅师。白隐禅师也不开口，只是慈爱地看着沙子夫人。过了一刻钟，白隐禅师才转过身，对众人说："你们说，悟道者是什么形象呢？"

白隐禅师接着说："难道悟道的人，就没有真性、感情吗？其实不然。一个人体证了佛法，还能不忘失人性，甚至超越人性，才是真正的修道者。依我看来，能够这么放声大哭，可以说是真悟道人了。"

◎养心法语 ————————————

二千五百多年前，当佛陀宣布即将涅槃时，弟子们顿觉日月无光、天旋地转，侍者阿难尊者悲伤流泪。等到佛陀在娑罗双树间涅槃了，天人悲叹，弟子们捶胸顿足，号哭失声，甚至远道赶回来的大迦叶尊者也都哭泣不已。虽然他们都是明白佛法、证悟真理的圣者，但是世间的人情还是有的。因此，白隐禅师对沙子夫人的心情给予体谅与慈爱，也就不难理解了，可谓通情达理啊！

试刀杀人

铃木正三禅师，三河县（今日本爱知县）人，出生于一五七九年，圆寂于一六五五年。他曾在德川家康幕府下当官，四十二岁才出家。出家后曾参礼曹洞宗、临济宗之禅门大德，不拘一宗一派，不过，他开创的寺院及弟子都属曹洞宗。

有一天，一个武士前来拜访正三禅师，言谈中，武士用得意的口吻说："本人喜欢试刀杀人，世上没有比试刀杀人更有趣的事了。"

正三禅师说："我年轻的时候也喜欢试刀杀人，就像砍竹子一般容易。"

武士怀疑地说："是这样吗？"

正三禅师："是啊！"

武士说："那今晚一起杀人，看看谁厉害。"

正三禅师爽快地说："好啊！"

到了晚上，他们一起走进城里。每次有小孩、商人走过他们的面前，武士就想挥刀砍去，正三禅师都说："还不行。"

几次之后，武士心生不耐，就在这个时候，有另外一位武士带着大队随从自远处走来，正三禅师立刻说："就是他了，可以砍了。"

武士看对方人高马大，且声势浩大，心生胆怯，迟迟不敢下手。

正三禅师看武士犹豫，就说："你不砍，我来砍。"

正三禅师手握着刀，正预备冲过去，这名武士赶紧抓住正三禅师的衣服，制止了他。

正三禅师一看，大笑说："看来你并不像你所说的那样高明嘛！你不斩他，怎么谈得上'世上没有比试刀杀人更有趣的事'，只杀几个小孩算什么英雄呢？"

武士听了，哑口无言。据说，这位武士从此不再玩试刀杀人的游戏了。

在人类文明还不很发达的时期，一些愚昧的行为，难免不会发生；就如试刀杀人，一个武士为了要试自己的宝刀，竟用杀人来试，这太玩弄人命、无法无天了。

正三禅师也是因缘巧合，要度这位嗜杀的武士；最初武士只想对一些老弱妇孺动手，正三禅师当然阻止他，因为这算不得高明。及至真的武士来了，他又不敢面对；这时正三禅师故意上前，要表现杀人试刀，这个武士反而吓得拖住禅师的衣服不放，像这种惧强欺弱的行为，哪算个武士呢？这也是四百多年前，日本禅僧不得已才以禅止杀的手段啊！

观音去了吗？

福建福州的长庆慧棱禅师，杭州人，是唐末五代时候的僧人，为雪峰义存禅师的法嗣弟子。

有一天，一名学僧向慧棱禅师请示佛法，并且举出一件事：

过去，有一位高丽僧人到中国参学，在他要回故乡前，特地请人造了一尊木头的观音像，准备一起从浙江上船运回高丽。不料，临上船时，这尊观音却在原地如如不动，所有的人费尽力气，都无法将这尊观音像抬到船上。最后不得已之下，这名高丽僧人只好将观音像留了下来，请入当地的开元寺供奉。

僧人问慧棱禅师："请问老师，经典里提到，观世音菩萨大慈大悲，无处不现身，为什么他不肯去高丽呢？"

慧棱禅师回答道："观音菩萨普施应化，无处不现身，但一般凡夫众生，即使见到菩萨的身相，仍不免妄生是非偏见；更何况就算肉眼见到了，也未必能见到真正的菩萨。"

僧人仍不甚明白，继续问："那么，观世音菩萨究竟去高丽了吗？"

慧棱禅师淡淡地说："你认为观音是木头吗？木头虽然没有去，但菩萨去了啊！"

这名僧人闻言，若有所悟。

◎养心法语 ——————————————

在中国，千家万户都有供奉观世音菩萨的像。有的是铜铸的，有的是木刻的，有的是纸画的，虽有种种成品，那都是观世音，因为观音菩萨随类化身。但那也不是观世音，因为观世音他常游在毕竟空中。高丽僧人请人雕刻的观音圣像，最后不肯前往高丽，这也说明了菩萨化世，一切要看缘分吧！

活在虚空中

　　年轻的慧心禅僧，跟随在红木山大觉禅师座下学习多年，性格热忱，只是每次担任的职务都不能做得长久，经常更换工作。

　　一天傍晚，慧心在所做皆办之后，转赴大慧寮向大觉禅师请安。

　　大觉禅师问慧心说："你今天做了什么呢？"

　　慧心报告说："今天在红木山各地巡察，全山都走到了。"

　　大觉禅师再问慧心："发现了什么问题吗？"

　　慧心恭敬地回答道："寺院建筑都很庄严，可惜厕所嫌少，予人不便。"

　　大觉禅师闻言，沉默了一会儿，说："你全山是走到了，可是就算多建了厕所，但你活在虚空中，怎么用呢？"

慧心一愣，不知从何应答。

大觉禅师说："像这样，你把全山每一寸土地都跑遍了，也没有用啊！"

慧心哑口无言。

大觉禅师再告诫说："做人要有重点，就是厕所，也要落实才有用，你不能活在虚空里。因为虚空太大了，你应付不了的，还是快建厕所吧！"

慧心于言下恍若有悟。

◎养心法语 ────────────

厕所是解决人生每天的实际问题，它也是人们生活的重点之一。人不能好高骛远，就如厕所给人利用，不嫌弃次数，不嫌弃久长；所以，人要有重点才有用，不能活在虚空里，像云朵在空中飘浮，哪里才是落脚的重点呢？像浮萍在水上漂荡，哪里才是尽头？

有一些人的生活就像是这样，处处不能安住身心，做一项、怨一项、学一样、换一样，不能落实。

到最后，一事无成，可不惜哉？因此，人要落实于生活，从小做起，从苦学习。在这世间，不是飘来飘去就能成功的，正如大树也是在一个地方百年不动，才能日益壮大庇荫人群哦！

汉水逆流了没？

襄州（今湖北襄阳）含珠山的审哲禅师，是潭州（今湖南长沙）龙牙山居遁禅师的法嗣弟子。

有一天，一个云水僧前来拜访审哲禅师，审哲禅师问他："云水行脚，今天你从哪里来？"

云水僧说："我从汉水来。"（汉水又称汉江，源于陕西，从湖北汉口入长江，是长江最大的支流。）

审哲禅师再问："汉水逆流了没有？"

云水僧回答："所以，今天特地以这个问题来请老师回答。"

审哲禅师探问云水僧说："你姓什么？"

云水僧面带微笑地回答："学人无姓。"

审哲禅师追问："每一个人都有姓氏，不是姓张就是姓王，你怎么会无姓呢？"

云水僧眨了眨眼睛，说："不可说，不可说！"

审哲禅师再逼问他："姓什么都不肯说，怎可来此参学？说！说！说！"

云水僧说："等到汉水逆流时，我会来向您说。"

审哲禅师一听，知道此人已经有悟了，便点头不语。

◎养心法语 ————————————

云水僧四方参学，在有道的人面前，只要一开口，就知道你有没有。汉水会倒流吗？在常识上来说，是不会的。但在禅门，没有什么不可能的事。把两头截断，所谓中道，究竟是顺流，还是逆流呢？所以，佛门的圣者罗汉，四果之一的须陀洹，又有"逆流"之称，即逆生死之流而成道。

因此，这位云水禅僧他的意思是，悟道了以后，什么都能说，也什么都不必说！

我没有家风

　　洪州建昌（今属江西）凤栖山的同安常察禅师，是凤栖山第一世住持，瑞州（今江西高安）九峰道虔禅师的法嗣。

　　有一天，一位年轻的禅僧向常察禅师问道："老师，请问什么是您的家风呢？"

　　常察禅师淡淡地说："我没有家风。"

　　禅僧奇怪地问："从过去以来，十方丛林都是各有各的家风，为什么您会说您没有家风呢？"

　　常察禅师微笑看着问话的禅僧，说："因为我这里既不迎宾，也不刻意接待客人，只任由有缘人前来走动。他们来者自来，去者自去，每个人本身就有自己的禅心、自己的家风，我又何必再为他们增添负担呢？"

　　禅僧听了，感到更加疑惑，又问："那么，历来的学道者，他们不远千里到各地去云水行脚，寻师访道，不就是为了要有人开导吗？"

常察禅师哈哈一笑，说："那你自己是做什么的？为什么要找我麻烦呢？"

年轻的禅僧于言下有省，便留在同安常察禅师座下参学。

◎养心法语 ————————————

禅者，就是要直下承担，不要拖泥带水把问题交给别人。禅门有谓"五家七派"，的确是各有各的家风，但是就如同各家丛林里的钟板一样，有的横遍十方，有的竖穷三际，有的主张包容万物，有的强调一即一切，确实各有宗风不同。

家风是要自己树立的，不是跟着别人的家风去团团转。因此，何必像"刻鹄不成尚类鹜"或是"画虎不成反类犬"呢？

抱璞投师

有一天，一位云水僧到覆船山参礼洪荐禅师，洪荐禅师请他坐下来喝茶，云水僧忽然看着洪荐禅师微微一笑，转身就走了。

洪荐禅师看出这个云水僧的意图，于是从背后叫住他："大德，即使是参禅，也不必要被这点人情世故所障碍了吧？"

云水僧听了之后，马上转过身，拿起坐具要坐下来。这时，换成洪荐禅师微笑，转身便走回方丈室去了。

刹那间，云水僧看到自己的一念慢心，忍不住拍手大呼："原来如此！"

洪荐禅师摇头说："唉！虎头蛇尾。"意思是，你连这点考验都禁不起，怎么能担当大法？

此时，云水僧的态度转为谦恭，向洪荐禅师躬身作礼说:"学人愿意抱璞投师,不知禅师愿意接受吗?"

洪荐禅师用手拍了拍身旁的香案,表示接受。云水僧当下会意,马上礼拜问讯。

洪荐禅师点点头,说:"很好,这里有什么东西吗?"

云水僧微微一笑,也拍拍香案。

洪荐禅师哈哈一笑,说:"舌头不出口,你我心照不宣啊!"

◎养心法语 ————————————

禅师之间许多的问答,都好像是在打哑谜。但是禅门这许多公案,不是猜谜语,它每一句话里面,都是孕育了宇宙人生的真理。它不是鹦鹉学语的"鹦鹉禅",也不是狐假虎威的"狐狸禅",而是彼此的印心,这就看他们之间的较量了。

就如洪荐禅师的拍拍香案,云水禅僧也拍拍香案,他们不靠舌头,只靠心意的领会,究竟领会了什么?仍然很难说出,因为那就是禅了。

因为你

　　元代的了庵清欲禅师，号南堂，字了庵，浙江临海人。十六岁出家，得法于开元寺的古林清茂禅师。之后，受邀在江浙一带的保宁寺、开元寺、本觉寺及灵岩禅寺等寺担任住持，并以书画扬名于世，元顺帝曾敕封"慈云普济禅师"之尊号。

　　当时，日本正值镰仓幕府时代，有多位日本僧人来华，在了庵禅师座下参禅学道。

　　有一天，一位日本僧人向了庵禅师提问："佛未出世时，是怎么样的？"

　　了庵禅师淡淡地说："和你一样。"

　　僧人再问："佛又怎么样修行成道的呢？"

　　了庵禅师气定神闲地说："他比较发心、勤劳，不像你懒惰。"

　　这位日本禅僧很不甘心地反问："那禅师您很发

心、勤劳，你就是佛祖啰？"

了庵禅师看了他一眼，说："因为有你，我也不
是佛了。"

禅僧很疑惑，再问："假如没有我，禅师是佛吗？"

了庵禅师大喝一声："没有你，谁来成佛呢？"

僧人豁然有所领会，就地礼拜而去。

◎ 养心法语

佛教自印度传来中国，又从中国传至日本。在隋
唐之前，印度和中国的僧侣爬高山、走沙漠，经西域
往来的很多。之后，日本僧人到中国来求法，亦如
当初中印之间的密切，例如：空海大师、道元禅师等，
都是在中国参禅悟道的。到了宋、元、清，中日佛
教交流的情况就更频繁了。

影响所及，像近代铃木大拙禅师在西方弘法，大
部分都引用中国历代禅僧证悟的境界来启发学人。像
二次世界大战后，日本学者冢本善隆教授，在课堂
上见到留学日本的中国学僧，都对他们深深一鞠躬。

问他为什么，他说，很感谢自日本派遣唐使来华以后，中国禅门给予的浩荡之恩，所以他一生对中国都如此尊敬。

了庵禅师就是要告诉这位日本禅僧，佛性平等，人人有佛性，为什么不自己直下承担呢？

去洗澡吧！

兴化军梯山石梯禅师，是荼荑禅师的法嗣弟子。他的禅法幽默风趣，常以生活中的机用来接引学人。

有一天，石梯禅师的侍者用心地烧好一盆热水，高兴地对禅师说："老师，热水已经好了，请您去沐浴洗澡吧！"

石梯禅师只是笑一笑，然后对侍者说："我既不洗尘垢，也不洗身体，你认为我应该拿什么去洗呢？"机灵的侍者知道老师又在跟他打禅机，所以也不回应他的问题，依然从容悠闲地整理沐浴的用具。

过了一会儿，侍者准备得差不多了，才回过头对石梯禅师说："老师，您先请进去，我等一下就拿毛巾给您啊！"

石梯禅师一听，哈哈大笑，点头默许了侍者的禅境。

　　佛有三身：法身、报身、应化身。佛的报身因功德圆满而庄严美好，但这个跟我们人一样的色身，它有新陈代谢，有每日的尘垢必须要清洗。可是，佛也有已觉悟的法身，这法身无形无相，又哪里有尘垢呢？因此，当侍者把洗澡水准备好，请老师去盥洗，石梯禅师就对侍者幽上一默，说：我既不洗肉身的尘垢，也不必去洗刷法身，你要叫我去洗什么呢？

　　侍者也是禅门高手，他认为这个问题不需要回答，还是照常替老师准备盥洗的用具，最后才说：老师，您去洗澡吧！毛巾等一会儿拿给您。这就回应石梯禅师的问题了。所以，这许多高手对招，虽然是简单的一句，但是内涵都不简单的喔！

我还在路上

　　唐代的荷泽神会禅师，湖北襄阳人。他年幼时就遍读儒家典籍，天资聪颖，此后倾心佛教，依止国昌寺颢元和尚出家。在他十四岁时，听闻六祖慧能大师在南方弘扬禅法，就立刻动身前去参礼。

　　慧能大师见到神会，有心要试探他，便问："你从哪里来？"

　　神会回答："学人从无处来。"

　　慧能大师又问："既然是从无处来，你怎么回去呢？"

　　神会说："学人也无处可回。"

　　慧能大师摇摇头，说："你这样的答案，太茫然了。"

　　神会并没有因此退缩，仍然不卑不亢地说："因为我还在路上。"

　　慧能大师淡淡地说："你走了这么远，不辛苦吗？"

神会微微一笑，说："我见到祖师，就已经到达了。"

慧能大师这时才微笑点头，表示印可，自此神会便留在他的座下亲近学习。

◎养心法语 ——————————

多数人都把人生比喻成一条路，叫"人生路"。从父母生下我们以后，就走上了人生路；走完了这条路，就表示生命已告终。在这条路上，或是跋山涉水、路途坎坷，或是一帆风顺、扬长而去，人生路上的花样可多了。

慧能大师问神会："你从哪里来？"神会回答："从无处来。"这一句话很合乎慧能大师胃口，因为慧能大师的宗风，都以"无"为宗，好比他悟道诗所说的"菩提本无树，明镜亦非台"。接着，慧能大师再问神会："你怎么回去呢？"神会再答："无处可回。"这还是以"无"为对。所以，慧能大师认为神会虽是小小年纪，却是可造之才，就答应神会留在身边。这一留，成就了慧能成为万年之师。

当时，南宗慧能和北宗神秀对峙，一个在偏远的南方岭南之地，一个在北方京城受皇家供养，弘扬禅道。多年后，神会在滑台举行论辩大会，终于让慧能大师取得禅门的正统地位。所以，不可小视年轻人，这都可能造就禅门的一段殊胜因缘。

如何是观音行?

　　庐山的归宗智常禅师，湖北人，是马祖道一禅师的法嗣弟子。智常禅师的禅法，不崇尚理论造作的言语，而是能够活用日常生活中的禅机，因此活泼又不失启发性。

　　有一天，智常禅师对大众开示："我今天要为各位说说禅的境界，请大家向前走近来。"

　　大众听了，便一起往禅师的面前走去。

　　智常禅师沉默片刻，就说："《观世音菩萨普门品》里有一句'汝听观音行，善应诸方所'，你们各位可以领会这句话的意思吗？"

　　大家面面相觑，不知道智常禅师的葫芦里卖的什么药。

　　这当中有一位禅僧大声说："禅师，请您告诉我们，什么是'观音行'？我们怎么样才能'善应诸方所’呢？”

智常禅师说："去，去，去！"

禅僧一听，说："谢谢禅师，我们'善应诸方所'去了！"说完，就带着大家解散了。

智常禅师哈哈大笑，说："懂也，懂也！"就走回方丈室了。

◎ 养心法语 ————————————

《观世音菩萨普门品》中，有重重的偈语来赞叹观世音菩萨的"汝听观音行，善应诸方所"，这意思是告诉我们，观世音菩萨游诸国土，度化众生，就是以云游各地度化众生为他的行持。游，表示菩萨并不感到辛苦，他自由自在，随缘度化，不像有些人度众特别要作意，要有所作为。因为观音菩萨的行持慈悲、威德、智慧，因此他才能游诸方便，应化一切地、一切时、一切人。

什么是"观音行"？其实就是观世音云游诸国土，度众自在。但智常禅师不直接说明，而是回答

"去，去，去"，这位禅僧也回应说"我们'善应诸方所'去了"，智常禅师见大家已经明白，不禁哈哈而笑，说"懂也，懂也"了。

无法回答

仰山慧寂禅师，俗姓叶，广东番禺人，是唐末五代时候的僧人。九岁时，依止南华寺通禅师剃度。成长后游历诸方，在参礼耽源应真禅师时，了悟法义。不久，投身于沩山灵祐禅师门下学习，受到印可。后前往江陵（今湖北中部）受戒，研究戒律。回到沩山后，随侍灵祐禅师十五年，大振沩山宗风。

有一天，有一位禅僧问仰山禅师说："一般来讲，佛有三身，即法身、报身、应身：法身是体，报身是相，应身是用。法身遍满虚空，虚空包容万物，但它没有说话。那么，法身究竟会不会说法？"

仰山禅师看了看年轻的禅僧说："这个问题要问证悟法身的人。"

禅僧追问："谁是证悟法身的人呢？"

仰山禅师又看了禅僧一眼，淡淡地说："连你自

出頭原可上青天　奇節崚
崍万丌然　珍重一身渾是
玉　白雲堆裏裹萬平遷

发心如烧水，须不断添加柴火，水才会沸；
实践如走路，应经常注意脚下，行才会正。
发心与实践，是成功立业的要素。

己都不知道，我怎么知道呢？"说完，就走了出去，独留那位问道的禅僧一片茫然。

◎ **养心法语** ————————————

　　这世间，一切都是法身的体现：人生有生老病死，表示烦恼重重；自然界有春夏秋冬、落花流水，表示变化无常；高楼大厦有成住坏空，经过岁月而因缘分散，一切归于空寂……这许多的真理，不都是法身在说法吗？青青翠竹无非般若，郁郁黄花皆是妙谛，宇宙之间，哪一样不是法身的体现？哪一样不是法身的说法？你懂得，微风吹着、阳光晒着，万物生生灭灭，不都在向我们说法吗？因此，法身的确有说法，但那是无声无相之法啊！

超脱轮回

无德禅师很善于接引青年，对于青年人一些稀奇古怪的问题，都能给予他们指导。

好比有些人不相信世间有轮回，因此就有一名学生向无德禅师提出质疑："'轮回转世'这种道理，真叫人难以相信！"

无德禅师微微一笑说："你不相信，那就不要超脱轮回，永远在轮回里面周转就好了！"

学生一听，觉得很不是味道，马上反驳："为什么我要在轮回里流转？"

无德禅师说："因为你不相信轮回呀！所以你不在轮回里面流转，还想到哪里去呢？"

学生闻言，若有所悟。

事物，有成住坏空，这是事物的轮回；好比植物的种子，从播种、生长、开花、结果、凋谢，它不是会循环吗？

人生，有生老病死，从被父母生养以后，历经成长、老病、死亡，就好像植物的种子一样，生命还会再来，这不就是轮回吗？

季节，有春夏秋冬。春天、夏天过了，秋、冬跟后而来，时间也不会停留，所谓"冬天到了，春天还会远吗"，这不就是四季的轮回吗？

又如宇宙间，日月星辰中，地球有公转、自转，这个不就是轮回吗？时辰钟，从一、二、三到十一、十二，又回来从一、二、三到十一、十二，这个不就是轮回吗？其实，轮回就是宇宙人生的真理。

世间上，因缘果报都在轮回，要脱出轮回，必须大彻大悟、大修大证。从有形有相的色身，转入到无形无相的大化之中，所谓的"证悟法身"，那就是超脱轮回了。

卷四

吃饭吃得美味，心无拣择，禅也！睡觉睡得安然，心无挂虑，禅也！要知道，离开了生活，哪里有另外的禅？

庭前柏树子

有一个僧人问赵州从谂禅师："什么是祖师西来意？"

赵州禅师看着堂前青翠茂盛的柏树，说："庭前柏树子。"

这个僧人一听，就质问："请和尚不要拿外境来示人。"

赵州禅师说："我从不以外境示人。"

僧人不放心，又再问了一次："什么是祖师西来意？"

赵州禅师肯定地说："庭前柏树子。"

赵州禅师这一则公案，之后经常为人所乐道。后来，他的弟子觉铁嘴（慧觉禅师）去参访法眼文益禅师时，法眼禅师问觉铁嘴："听说赵州禅师有'庭前柏树子'一语，是吗？"

觉铁嘴斩钉截铁地回答："无。"

法眼禅师上前一步，说："常常听人谈到，有僧人问赵州：'什么是祖师西来意？'他就答以'庭前柏树子。'上座为什么说没有呢？"

觉铁嘴坚定地回答："先师未曾有此话，和尚您别谤了吾师才好。"

◎ **养心法语** ────────────────

"祖师西来意"常被作为话头来参问，赵州禅师以一句"庭前柏树子"教导学人：道非玄妙，眼前俯拾即是，虽然是平常庭院前的柏树，也是佛法所在。所谓"达摩西来一字无"，道，重在内心的体悟，是不可言传的，一说就落入语言的葛藤，反而无法把握达摩禅法的真谛。但是为了导引学人悟道，禅师们又不得不说，因此，赵州禅师便以"庭前柏树子"直指道在当下，平常心是道。

虽然赵州禅师确实以"庭前柏树子"一语回答学僧，但是觉铁嘴之所以称无，是因为禅悟是言语道断的，若觉铁嘴回答以有，就落入言诠的陷阱，反而曲解了赵州禅师所说的真意。

思量不思量

有一次，药山惟俨禅师正在禅坐的时候，来了一位云游行脚的游方僧，游方僧看到打坐中的惟俨禅师就问道："禅师，您在这里枯坐不动，究竟在思量一些什么事情啊？"

惟俨禅师答了一句很微妙、很有意思的话："思量不思量。"

"既然是不思量，又如何思量呢？"这位行脚游方僧毫不放松地追问。

"非思量。"惟俨禅师也针锋相对地回答。

这则公案就一般的道理来看，既思量却又不思量，似乎互为矛盾，其实有它的道理，意思是：禅虽不是文字知解，主张言语道断，但是透过文字知解，可以把握不可言处的真髓。

　　禅宗强调不立文字，但没有语言文字，又怎么能进入佛道？《金刚经》也说"若以色见我，以音声求我，是人行邪道，不能见如来"，都是教人不要将假相当作真实，但是不透过假相，又何能体悟真实？所以，唯有超越知识见解上的执著，才能探骊得珠，体会到真正的禅味。

　　我们对于参禅学道，有时候要从思量上来着手。所谓提起疑情，所谓要参话头，所谓寻师问道，就是要不断地参、不断地追问下去。但是有时候，参禅学道也要从不思量的地方来着手：因为眼睛看到的色、耳朵听到的声音、鼻子嗅到的味道、舌头尝到的气味、身体的感触、心里的分别，这都是一种虚妄的假相；假如说不从眼、耳、鼻、舌、身、心上头去思量，在不思量的地方，我们能找到自己、体会大道、明心见性，那就是禅的显现了。

佛心是什么？

有一天，南阳慧忠国师问紫璘供奉（供奉：僧官名）："你学佛多少年了？佛是什么意思？"

紫璘供奉不假思索，随口回答道："佛，就是觉悟的意思。"

慧忠国师进一步问他："佛会迷吗？"

紫璘供奉不以为然地反问慧忠国师说："已经成佛了，怎么会迷呢？"

"佛既然不迷，觉悟做什么呢？"

慧忠国师的一句反诘，让紫璘供奉无语可对。

又有一次，紫璘供奉在注解《思益梵天所问经》的时候，慧忠国师在一旁说："注解经典者，必须要能契会佛心，所谓'上契诸佛之理，下契众生之机'，才能胜任。"

紫璘供奉听了非常不悦，他回答道："您说得不错，的确是要这样，否则我怎么可以在这里下笔呢？"

慧忠国师听了，就叫侍者盛来一碗水，里面放了七粒米，碗面放上一双筷子，然后问紫璘供奉说："请问这是什么意思？"

紫璘供奉茫然不知，无语可答。

这时候，慧忠国师终于不客气地训诫他："你连我的意思都不懂，怎么能说你已经契会佛心了呢？"

◎ 养心法语 ———————————

一个讲经说法的人，契理容易，契机难；有的人契机不契理，有的人契理不契机。慧忠国师的"水米碗筷"，说明佛法不离生活，离开了生活，要佛法何用？紫璘供奉远离生活来注解佛法，当然离佛心就很远了。六祖慧能大师曾说："佛法在世间，不离世间觉；离世求菩提，犹如觅兔角。"就是这个道理。

国师塔样

南阳慧忠国师预知他在世间教化的因缘将尽，涅槃的时机已至，于是向唐代宗辞别，代宗就问慧忠国师说："国师灭度后，朕可以为您做些什么呢？"

慧忠国师说："请为老僧建造一座无缝塔。"

代宗问："请国师给个塔的图样。"

慧忠国师沉默了许久，然后问："陛下会意了吗？"

代宗回答："朕不明白。"

慧忠国师嘱咐代宗说："耽源应真禅师是我的弟子，他懂得这事，陛下可召他前来相询。"

不久，慧忠国师于党子谷圆寂，谥号大证禅师。代宗后来召耽源应真禅师入宫，询问有关无缝塔的意见，应真禅师也同样沉默了许久之后，问："陛下懂得了吗？"

代宗还是回答："朕不懂。"

应真禅师便说了一首偈语："湘之南，潭之北，中有黄金充一国，无影树下合同船，琉璃殿上无知识。"

◎ 养心法语 ————————————

慧忠国师所说的"无缝塔"，其实就是清净的法身，无形可见，无可比拟，唯有慧心法眼可以识得。慧忠国师请唐代宗建造"无缝塔"，即是借此机缘试探代宗对佛法的体悟，然而代宗却向慧忠国师请求塔样，国师便以沉默不语表达法身佛性之不可说，喻示法身并不落于塔样的局限。

清净的法身佛性原就充满于浩瀚无际的法界中，为何我们见不到？只要我们的心不执著于一法，不执著于有一个无缝塔的塔样可寻，凡事懂得向自心本性中去寻觅时，就看得见了。

一半肯定

有一天，洞山良价禅师在云岩昙晟禅师的忌日设斋上供，有学僧看到了就问：

"请问您在云岩禅师那里，得到什么开悟的指示吗？"

"我虽曾在云岩恩师座下，但并未获得什么指示。"

"那么，为何设斋供奉他呢？"

"纵然不获指示，我也未敢违背他。"

"您最初不是参访南泉普愿禅师吗？为什么却为云岩禅师设斋呢？"

"我不是因尊重先师的道德、佛法才如此，而是敬重他不为我说破，单凭这一点，其恩德山高海深啊！"

学僧仍然很疑惑，又问："您既然为他设斋，那么就是肯定云岩禅师的禅法了？"

良价禅师答道："半肯半不肯。"

有志者，自有千方百计；

无志者，只有千难万险。

清·金廷标·罗汉图（故宫博物院藏）

"一半肯定，一半不肯定？"学僧迷惑地喃喃自语，"为什么不全部肯定呢？"

良价禅师回答："如果全部肯定，就辜负先师了。"

◎ 养心法语

良价禅师在云岩禅师座下参学多年之后，辞别恩师到他处行脚。临行前，因恩师的一句"只这是"而起疑情，但云岩禅师并未为他说破。直到有一天，良价禅师见到水中自己的影子才忽然大悟。所以，良价禅师在云岩禅师的忌辰，设斋祭拜，感谢老师当初没有为他说破，因此他才能睹影自悟。

修行，若全然依赖师长，将会失去自己；若没有指引，又何能因指见月？老师正如同指月的手指，所以说师资相助，这正是"半肯半不肯"的真意。

悟道，不求他人全为我说破，能自己把它找到，禅才为自己所有。

不动道场

　　河南开封观音院的岩俊禅师，是河北人，为唐末五代之禅僧。他出家后严守戒行，参礼过诸方大德，后来到舒州投子山（今安徽境内）大同禅师座下参学，并且成为他的法嗣弟子。

　　岩俊禅师还未成名之前，初次到投子山参礼大同禅师时，禅师一开口便问："你从大老远到这里来，一路辛苦了。昨天晚上在哪里挂单啊？"

　　岩俊禅师恭敬地回答："学人昨晚住在不动道场。"

　　大同禅师接着又问："既然到了'不动'道场，怎么会来和我见面呢？"

　　岩俊禅师回答："道场归道场，礼见归礼见。"

　　大同禅师一听，心中已经首肯他的回答，不过还是问岩俊禅师："只为了这一见，就从千里之外而来吗？"

岩俊禅师明白大同禅师有意试探，就说："老师，你认为我有来去吗？"

大同禅师说："既无来去，你的道场不如就建在我的投子山算了。"

岩俊禅师闻言，若有所悟，便留在大同禅师门下，一住数十年。

◎ 养心法语 ————————————

在佛教里，所谓如来者，无所从来，无所从去。如，是法身，应该不动的；来，是应身，可以随机说法。所以，站在事相上，世间相有来来去去；站在法身自性上，是一如也，没有来去的。

现在的青年禅者，只懂得云游，只懂得参学，但不懂得心境合一。深山五岳，走了多少；百千人物，也见了许多，只是心内的禅和心外的境，始终不能相应，所以人生都在动荡不安中荒废了一生。像岩俊禅师，既然懂得不动道场，那就是"当下即是"了。像大同和岩俊这样的前辈和后学，禅心相投，那就是真正的禅心不动了。

粥与茶

赵州从谂禅师是唐朝时候一位非常有名的禅宗大德，世寿一百二十岁，谥号"真际大师"。年轻时，他依止南泉普愿禅师二十多年，也参谒过黄檗、宝寿、盐官等诸大禅师。八十岁驻锡于河北赵州城东观音院，大兴南宗禅法四十余年。

赵州禅师非常注重生活中的佛教，他时常教示跟随他学禅的僧青年，从生活里体验禅，从生活中表现禅者的风格。

例如，有一位初入丛林的学僧前来请示赵州禅师，禅师就问他说："你吃过粥了没有？"

学僧回答："吃过了。"

赵州禅师立即指示学僧："那么，洗钵盂去。"

接着，又有一位学僧来请求开示。

赵州禅师问道："你以前来过这里吗？"

学僧回答道:"报告禅师,学人曾经来过。"

赵州禅师说:"吃茶去。"

然后他转头问一旁的另一位学僧:"你有来过吗?"

学僧:"不曾来过。"

赵州禅师还是说:"吃茶去。"

院主非常不解地问禅师:"您为什么都叫他们吃茶去?"

赵州禅师对院主招招手,请院主上前。

赵州禅师只是简短地回答:"吃茶去。"

◎ **养心法语** ————————————

所谓佛法,所谓禅心,都不应该偏离我们的生活。吃饭吃得美味,心无拣择,禅也!睡觉睡得安然,心无挂虑,禅也!要知道,离开了生活,哪里有另外的禅?哪里有另外的佛法?不能将佛法融入于日常生活里,这样的佛法有什么用处呢?

今日的修道者,一心只想了生脱死,却不懂得重视生活里的佛法,这样反倒是离开道、离开禅愈来愈远啊!

衣服吃饭

一休宗纯禅师是很风趣的禅师，他有位做官的弟子。有一天，这位弟子请一休禅师吃饭。

一休禅师为人一向不拘小节，非常洒脱，所以赴宴时并未刻意注重衣装，随意披了件破旧的衣服，就到了官员弟子的住家。

官员家的门僮看到一休禅师，不知道这是主人特意邀请来的贵客，以为是哪里来的游方和尚，因此不准一休禅师进去。一休禅师不得已，只好回去换了庄严整齐的新袈裟，再去赴宴。

用斋的时候，只见一休禅师不停地把桌上的饭菜朝衣袖里装。主人看了很诧异，忍不住问："师父是不是家里还有老母，或是惦念寺里的大众。待会儿，我再准备一些素菜送去，您不必把菜放在袖子里面，请安心地享用。"

一休禅师道："你今天是请衣服吃饭，并不是请我吃饭，所以我才给衣服吃啊！"

官员听不懂禅师话里的意思，禅师于是进一步解释："我第一次来的时候，门僮不准我进来，因为我没有穿体面的衣服；等我回去改穿了体面的新衣服，门僮才欢迎我进来。我想贵府不是请人吃饭，而是请衣服吃饭，所以，我就把你的饭菜给我的衣服吃。"

◎ 养心法语 ————————————————

目前社会上有许多势利虚荣的人，不以人格品德论高低，而以衣服新旧做标准：只讲究"金玉其外"，也不管是不是"败絮其中"。这些人看到一休禅师把饭菜给衣服吃的故事，不知有何感想？这则故事可说是对现代人心一针见血的讽刺。如果心中有禅，当知外在的贫富与人格高低无关，但是人往往会被眼睛所见的形色外相所蒙骗，一休禅师的"衣服吃饭"，值得我们深思警惕！

放逐天堂

　　一休宗纯禅师出外云游行脚，有一天，由于天色已晚，就在一个农庄里借宿。深夜时，他被一连串的哭声所吵醒，原来邻家的主人因病去世，所以全家哭成一团，一休禅师对屋主说："真不幸！请您告诉隔壁的邻居，我想为死者诵经超度。"

　　由于亡者生前以杀生的捕鱼捉鸟为业，故卧病时，经常为过去所造下的杀业而惊惧不安，老是看到好多鱼虾向他索命，以及很多飞鸟向他飞扑，令他痛苦万状。一休禅师了解状况后，就开始替他诵经。

　　诵过经之后，亡者家属还要求一休禅师做法，甚至要他写一封信给阎罗王，请阎罗王让死者上天堂，因为死者家属这么要求，所以一休禅师也答应照办。他在一张纸上题字，题完字，就把这一张纸折叠起来，放在死者的手中，并告诉他的家人说："你们不要再哭了，死者可以升天堂了。"

死者家属对一休禅师这样的做法，非常感激，但也很好奇，到底一休禅师在纸上写了什么字？于是打开字条，只见纸条上面写着："这一位亡者所犯的杀生罪业，如须弥山那么多，恐怕连阎罗王的账簿上也找不出地方可以记了，所以，您还是把他放逐到天堂去吧！"

死者的太太看了后，内心非常难过，埋怨一休禅师跟阎罗王说死者的罪孽很大，账簿也记不清楚。

一休禅师说："这位太太，你难道不承认你先生的杀业有如须弥山那么多吗？"

死者的妻子回答道："我承认，只是难道没有方法可以超度他吗？"

一休禅师说："我本来以诵经为他消除罪业，但你要那么要求，所以我才写信告诉阎罗王，像这样罪大恶极的人，实在应放逐到天堂去，免得在阎罗王的账簿上记不完而麻烦。你先生拿了信，必定可以到天堂的。"

　　一休禅师的话，实在是对世人最好的教育，也是最好的讽刺。我们平常造的罪业，到最后不认账是不行的，所谓"菩萨畏因，众生畏果"，就是这个道理。

野鸭子

古有"马祖创丛林，百丈立清规"，马祖道一禅师和百丈怀海禅师是禅门的两大功臣。

有一天，马祖和百丈禅师一起散步，忽然见到一群野鸭子从头顶上飞过。

马祖就问百丈禅师："那是什么？"

百丈禅师不假思索地回答："那是一群野鸭子。"

马祖再问："野鸭子到哪里去了？"

百丈禅师回答："飞过去了！"

马祖用力捏了一下百丈禅师的鼻子，百丈禅师痛得大叫。

马祖指着百丈禅师的鼻子说："不是在这里吗？你怎么可以说飞过去了？"

这一句话使百丈禅师豁然大悟。然后，他一句话也不说，回到房里痛哭流涕。

其他禅僧觉得奇怪，问他怎么了，百丈禅师就照实回答，说给马祖捏痛了鼻子。

禅僧们不解地问："是你做错了什么事情吗？"

"你们可以去问问老师。"百丈禅师说。

禅僧们就去问马祖。

马祖说："百丈自己知道，怎么问我呢？"

禅僧们又再回头来问百丈禅师，只见百丈禅师哈哈大笑。

众人不解，就问："你刚才哭，现在为什么笑呢？"

百丈禅师说："我就是刚才哭，现在笑。"

◎养心法语 ————————

百丈禅师原先犯了时空的错误，怎么可以说这里那里？怎么能说过去现在？马祖的这一捏，把时空的分界当下粉碎，所以百丈禅师就悟了。

百丈禅师说自己"刚才哭，现在笑"，是说：时空观念一变，永恒的本体现前，我与世界就不一样了。这就是当下认识了自我。

禅，认识自己最重要。

用会作么？

　　长沙景岑禅师有一首诗偈："百尺竿头不动人，虽然得入未为真。百尺竿头须进步，十方世界是全身。"

　　有一学僧听后，问道："学僧该向什么处去？"

　　景岑禅师以偈回答："不识金刚体，却唤作缘生。十方真寂灭，谁在复谁行。"

　　学僧再问："百尺竿头如何进步？"

　　景岑禅师回答："朗州山，澧州水。"

　　学僧茫然："弟子不会。"

　　景岑禅师说："四海五湖王化里。"

　　学僧还是不懂，又再问："如何是学人的心？"

　　景岑禅师："十方世界就是你的心。"

　　学僧听了更加不解："那么，学人身无可依之处，我身在什么地方呢？"

　　景岑禅师："处着身处才是你着身处。"

学僧："如何是能着身处？"

景岑禅师："大海水，深又深。"

学僧仍然茫然："我不会。"

景岑禅师："鱼龙出入任升沉。"

学僧追问："您说'尽十方世界，是自己光明'，学人如何会得？"

景岑禅师："用会作么？"

◎ 养心法语

景岑禅师的开示一直明明白白地指导。"百尺竿头，如何进步？""朗州山，澧州水。"普天之下，哪一处不可让我们跨前一步？能懂得，五湖四海何处不能遨游呢？十方世界都住于我们心中，为什么还挂念身没有着落处呢？

禅不是一下子就能悟道的，除非你是利根，自己能顿悟。"用会作么？"禅并不是会不会的问题，禅是悟！你悟了，世界都是你的，何必要更进一步呢？当下就是！

谁是后人？

天皇道悟禅师前去参访石头希迁禅师，一见面就问：“如果超脱定慧以外，请问老师您还能告诉别人什么道理？”

石头禅师回答：“我这里本来就没有束缚，谈什么超脱？”

天皇禅师不满地说：“您说这样的话，叫人如何了解呢？”

石头禅师问：“你知道‘空’吗？”

天皇禅师答：“我对‘空’早有心得！所谓‘真空不碍妙有，妙有不碍真空’。”

石头禅师慨叹：“唉！想不到你也是那边（指迷的世间）过来的人。”

天皇禅师否认说：“我不是那边的人。因为有了‘那边’，就有‘这边’。您是指我的来处还是有踪迹吗？”

石头禅师肯定地说："我早就知道你是有来处的。"

天皇禅师不高兴地说："你怎么毫无证据就诬赖我呢？"

石头禅师大笑，指着天皇禅师说："你的身体就是证据，那不就是来处吗？"

天皇禅师说："话虽这么说，来处自他来，去处自他去，可是我们究竟该拿什么来教导后人呢？"

石头禅师忍不住大喝一声，斥责说："请问谁是我们的后人？"

在这一喝之下，天皇禅师豁然大悟！

◎ 养心法语 ——————————

石头禅师和天皇禅师两人所谈论的这边那边，主要是指生死轮回的流转，我知道你从那边来的，这是指仍在生死迷妄之中，而所谓证据，就是有漏的业报色身。

天皇禅师经过深思，承认自己还没有超脱，故曰"来处自他来，去处自他去"，此即生死由他之谓也。

但是他又挂念后人，前前后后，生生死死，则此生死如何了得？难怪石头禅师要向他大喝："谁是我们的后人？"

荷叶为衣

　　大梅法常禅师年幼时在玉泉寺出家，他对禅法非常有兴趣。后来，悟道之后，就在大梅山隐居。

　　有一天，盐官齐安禅师座下有一名僧人，入山去寻找可供制作拄杖的材料，不慎在山里迷路了，正愁找不到出路之时，恰巧来到法常禅师的住处，于是上前拜谒禅师："和尚住在此山多久了？"

　　法常禅师回答："只见四山青又黄。"

　　僧人又问道："请问，下山的路往哪里走？"

　　法常禅师回答："随着流水去。"

　　僧人回去后就向齐安禅师禀告，他在山间偶遇的这位奇人。

　　齐安禅师沉思半晌，说："我在江西之时，曾见过这样的一位僧人，不知道是否就是此人。"

　　齐安禅师于是令学僧入山去延请，然而，法常禅师却交给僧人一首诗偈，予以委婉的回绝了。诗偈云：

摧残枯木倚寒林，几度逢春不变心。

樵客遇之犹不顾，郢人那得苦追寻？

一池荷叶衣无尽，数树松花食有余。

刚被世人知住处，又移茅舍入深居。

◎养心法语

  在法常禅师的诗里，提到愿以荷叶为衣，松花为食，可见他安于隐居的生活，不求名闻利养，只是淡泊过日。自古以来的禅僧，有的隐居山林，有的行脚云水，寻师访道。他们有的是为了躲避盛名之累，入山唯恐不深；有的则是随缘度众，等待有缘的传灯之人。然而，不论是陆沉山林，或者是走入人群，总得先将养性的功夫做好，将来一旦龙天推出，才有资粮可以福利大众，普利人天。

不著佛魔

降魔藏禅师俗姓王，河北人，七岁就出家了，他依止广福院的明赞禅师落发，为唐朝时候的僧人。由于时常为乡里之人驱鬼除害，所以人们都尊称他为"降魔禅师"。

后来，北宗禅法相当盛行，降魔禅师决心前往拜谒北宗的大德。有一天，降魔禅师去参访颇负盛名的玉泉神秀禅师。

神秀禅师问他说："你的名字叫降魔，但是我这里既没有山妖，也没有树精，无魔可降，难道你反过来做魔吗？"

降魔禅师很肯定地回答："有佛就有魔，我也是魔！"

神秀禅师见他出言不凡，进一步试探地问："你如果是魔，必定是有不可思议境界的魔。"

今日的千锤百炼，
是未来事业的阶梯；
今日的喜舍布施，
是未来圆满的助缘。

降魔禅师不以为然地回答："就算是佛，自性也是空的，哪有什么境界可现呢？"

神秀禅师一听，便明白降魔禅师是法器，于是为他授记，说："你的法缘在山东的少昊之墟（今山东曲阜一带），将来必然度众无数。"

降魔禅师后来到东岳泰山弘法，短短数年间，问道的学僧可说是络绎不绝。

◎养心法语 ————————————

这世间是一半一半的，一半白天，一半黑夜；一半好人，一半坏人；一半是佛，一半是魔。其实，佛与魔只在一念之间，一念觉是佛，一念迷就成魔。一念清净，不为境转，就是佛的境界。

然而，赵州从谂禅师也曾经说过："有佛处不得住，无佛处急走过。"所以即使是佛的境界，也不可生起贪着。所谓"佛来佛斩，魔来魔斩"，对佛与魔都心无所执，那么自然解脱无碍。

无刃剑

　　某天，有一位学僧问曹山本寂禅师："请问老师，什么是'无刃剑'呢？"

　　本寂禅师说："'无刃剑'是不须铁匠火炼打造而成的剑。"

　　学僧问："无刃剑，有什么奇特吗？它与一般的剑有什么不同？"

　　本寂禅师回答："一经碰触，能断除百千葛藤。"

　　学僧再问："那么无缘遇到无刃剑的人，怎么办呢？"

　　本寂禅师肯定地回答："葛藤习气一样能脱落。"

　　学僧听了，不禁疑惑地反问："有无刃剑就能断除妄想执著，可是未逢者怎能习气脱落呢？"

　　本寂禅师轻松地回答道："难道你没听说无刃剑可以无远弗届、断尽一切吗？"

学僧追问："断尽一切后，又是怎样的境界？"

本寂禅师呵呵笑着说："那时，你便知道什么是无刃剑了！"

◎养心法语 ————————————

无刃剑，喻指能斩除凡夫愚痴妄念的般若智慧，能使人的业缘习气尽除，获得解脱自在。在修持过程中，若有善知识点拨教化的助道因缘，或能顿离千古的无明泥淖；即使未得善知识的教导，有朝一日，因缘成熟，一样能明心见性。因为人的般若自性原本清净，终有解脱烦恼的一天。

佛门里有云："迷时师度，悟时自度。"其实纵然有幸得遇名师，自己仍然需要精勤努力，即便未逢良师，若能广结人缘，厚植福德，时日一久，也能与佛道渐渐相契，进而自度度人。

看脚下

　　佛鉴慧勤、佛眼清远以及佛果克勤（圜悟克勤）禅师三个人，同为五祖法演禅师门下弟子，素有"演门二勤一远"、"演门三佛"之称，被誉为"丛林三杰"。

　　有一天晚上，他们三人与师父法演禅师聚在一座亭子里说法论道，谈得非常尽兴，不知不觉竟然谈到了深夜，四周的灯火已经熄灭，师徒四人只好沿着昏暗的夜路慢慢地走着。此时，法演禅师忽然说："你们何不各下一个转语，让我听听看。"

　　慧勤禅师抢先说："彩凤舞丹霄。"

　　法演禅师点了点头。

　　接着，清远禅师也开口说："铁蛇横古路。"

　　法演禅师又轻轻地点了一下头，没有下任何评语。

　　这时，克勤禅师斩钉截铁地说："看脚下！"

　　法演禅师终于赞赏地说："灭吾宗者克勤耳。"

　　为什么要看脚下？因为过往已经远离，未来犹遥不可及，只有把握当下才是最真实的。禅门祖师时常教诫学人要"照顾脚下"，意即要观照当下的每一个念头，因为唯有活在当下的一念，才是禅的真心。

　　一般人的共通毛病，往往轻忽"现在"，好高骛远地幻想"未来"，或是后悔地追忆"过去"，以至虚度了原本可以掌握的"现在"。禅者重视当下，心安住于当下的因缘，随顺现前的因缘，不起分别执著，自然就能随人自在、随事自在、随物自在、随心自在。

何得白头？

宋朝的吴山净端禅师是湖州归安（今属浙江湖州）人，俗姓邱，字明表，驻锡于吴山寺，自号安闲和尚。吴山净端禅师自幼便倾慕佛道，六岁就来到佛门修行。他跟随净觉仁岳法师学习天台教观《首楞严》，后来参礼临安龙华院的宝觉齐岳禅师而开悟，丛林中称他为"端师子"。

有一天，太守李丞议和净端禅师并肩走进法堂，二人还未坐定，李丞议太守就开口问道："请问和尚，您既然是清净法身，为什么还会白发苍苍、两鬓霜白呢？"

净端禅师微笑着说："老僧有十种愁，使得我白头苍发。"

"哦？"李丞议太守低下头，默然思索了一会儿，追问道，"究竟是哪十种难解之愁，竟然使得和尚您

236

这么挂心呢？"

"来！你看看，"净端禅师边说边走到案桌前，提起笔，随手在纸上写下了十种愁：

第一愁，常怕黄河水决流，年年叠土如山岳，岁岁须防布袋头。

第二愁，江湖水涨寔难留，苏湖尽是低乡住，须防洪水没田畴。

第三愁，人间谷米少人留，忽然一日饥荒后，饿倒贫人无处求。

第四愁，看看翰苑少文俦，国家若要才人用，诗赋通经双泪流。

第五愁，臣僚代代报冤仇，子子孙孙何日了，劝君为国早回头。

第六愁，近来将相寔难求，儿孙受禄黄金贵，才闻边用皱眉头。

第七愁，人间广阔老僧忧，近来改寺为宫观，台殿桥梁社稷休。

第八愁，国家节用最为忧，忠臣慈孝应难得，

237

小人娇逸逞风流。

　　第九愁，懒养爹娘要剃头，刮削民财求度牒，
还他宿债眼惆惆。

　　第十愁，林下无人双泪流，去圣远兮邪见近，
野老因兹白了头。

◎养心法语 ————————

　　李丞议太守的问话，引发了净端禅师对世间的一
些看法。

　　其实，人世间烦恼、忧愁，多如毛发，又何止这
十种愁而已？在这么多的忧愁烦恼中，能够一心不
二，心无分别，不去攀缘，纵然白头苍发，万种愁丝，
又奈他何？

不起爱嗔

有一天，大香禅师上堂对大众说法，拈举了一则文殊菩萨化身为贫女乞斋的典故，对众人说：

"有一年，在今山西省五台山的大孚灵鹫寺，依照往例举办了一场无遮大会。当时，文殊大士化身成一位衣衫破旧的女子，手中抱着两个幼儿，还有一只狗子跟在后头，共赴斋会。

住持和尚于是备办了三份斋食，布施给这位女子，女子从住持和尚手中接过饮食之后，又指着跟在她身后的小狗，说：'大和尚，这只狗儿也得给它吃点东西才行呀！'住持和尚一听，脸色就开始变得难看，然而还是勉强又拿了一些食物给女子。这时候，女子又再开口要求说：'大和尚慈悲，我肚子里已经怀了小孩，也需要一份食物。'

住持和尚闻言，终于再也按捺不住，愤然喝斥说:'你怎么这样贪得无厌呀？来寺院乞求食物，还百般要求。呐，肚里的小孩又还没出生，也需要进食吗？你根本就是贪心，还不快走。'

女子被住持和尚这么一喝斥，当下腾空离地，跃入虚空中，化作文殊菩萨，身后的狗儿也化作青毛狮子，两名幼儿则化作善财童子及于阗王，天空一时五色云气弥漫……"

典故说到这里，大香禅师问大众："各位，文殊大士所为何来？"

座中有一位禅僧高声回答："贫富无二，贵贱无差。"

大香禅师大笑，随即诵出当时文殊菩萨留下的一句偈语："苦瓠连根苦，甜瓜彻蒂甜，是吾起三界，却被老僧嫌。"

然后，就下座回方丈室去了。

◎ 养心法语 ———————————

世间的事情都要从两面来看，菩萨有无限的慈

240

悲、无穷的愿力，住持大和尚虽然也施舍欢喜，但有限度，就如女子连肚子里的小孩也要来化一份斋粮，这在常识上就非一般人所能同意了。

其实，老和尚喝斥对方贪心，也未尝不是；对方来试探老和尚的慈悲究竟有多深广，也未尝不可啊！所以，对于住持老和尚和文殊菩萨的化身，都不要起爱嗔，这就是我们修行人应有的态度了。

何处有山河？

明朝曹洞宗的湛然圆澄禅师，得戒于云栖袾宏大师，曾经驻锡过径山万寿寺、嘉兴东塔寺、云门显圣寺、南京延寿寺及绍兴华严寺等处。

某天，鲁据梧、朱交芦等居士来拜访禅师，众人在客堂里谈经论道，席间有位居士问："佛教认为世间万象、山河大地，全是因妄想而成的，是吗？"

圆澄禅师回答道："确实如此。"

这位居士就问："既然妄想可以成就世间万法，那么和尚可否动念，想一块黄金出来好吗？"

圆澄禅师说："我想好了。"

居士说："既然想好了，请和尚拿出来让我们大家看一看吧！"

圆澄禅师闻言，便反问这位居士："您是否曾在寂静的时候，心里浮现出所住的杭州城，有这样的经验吗？"

居士回答道："有啊！"

圆澄禅师："您在想的当下，杭州的亭台楼阁、人物街道，是否清楚的在眼前呢？"

居士说："当然是啊！"

圆澄禅师便猛然向前一伸手，说："那么，何不拿出来给山僧一看呢？"

居士一听，瞠目结舌地说："话……是这样说没有错，可是想归想，要我拿出来，是万万不可能的呀！"

圆澄禅师笑笑说："你既然拿不出来，又怎能叫我把黄金拿出来给你看呢？"

◎ **养心法语** ————————————

佛法，有所谓的理与事。像心中拥有三千世界，或是将天地统统包容于一心中，此理就等于佛法所说的"一中有多，多即是一"。又如"三界唯心，万法唯识"这也是理，但是理不能废事，因此事相是事相，理与事不可混为一谈。

儒家有谓"视而不见，听而不闻"，虽然看了、听了，但由于无心于万物，又能成就些什么呢？假如我们将智慧、慈悲及发心，用于建筑大楼上，那么这栋大楼不就有我们的智慧、发心吗？如果把它用在发明电脑、汽车……世间的万事万物上，那不就处处都有我们的心意识吗？

所以，心能贯穿时空、包容万有，即此之谓也！

西来僧无须

　　无门慧开禅师是宋朝临济宗杨岐派的僧人，俗姓梁，临安钱塘人。禅宗里著名的《无门关》一书，为慧开禅师选录旧有的禅宗公案，加以解说，并加上偈颂所成，该书与圜悟克勤禅师的《碧岩录》、万松行秀禅师的《从容录》，同在禅林中广泛地流通，受到临济门人的重视。

　　在《无门关》里，举了一则某位庵主所问的"西天来的僧人，为什么没有胡须呢"。

　　慧开禅师就这则公案，开示说："如果要参究，就要实实在在去参究；若要悟道，也要踏踏实实去了悟。那庵主所说的胡僧，非要亲眼见他一回才可说得过。然而如果要说亲见，恐怕到那个时候，早已变为两个了。"

　　接着，慧开禅师又说："在愚痴的人面前，切不

245

可向他描述你的梦境；西方来的胡僧虽把胡子剃了，也不过只是装模作样、惑乱他人罢了！"

◎养心法语 ————————

在隋唐时代，从印度、西域来到中土弘传佛教的高僧，可说是络绎不绝。这些西来的印度僧人，大都留有胡须，就像达摩祖师的样子。中土汉族的人，看到他们满脸的兜腮胡，自有另外一番感觉。

佛教是讲剃除须发的，主要是指须发也如同烦恼，因此剃除须发正表示去除烦恼。所以，诸佛菩萨不拿武器，没有胡须，这才是西来意啊！假如不见西来意，只见到胡须，那只会增添复杂，难以契悟。

杀牛为业

　　五代时期扬州光孝院的慧觉禅师，生卒年不详，只知道他是赵州从谂禅师的法嗣弟子，精通经史子集，并且长于诗文。由于他擅长以机锋应对点拨学人，因此人称"觉铁嘴"。

　　有一天，一位以杀牛为业的屠夫来到光孝寺，问慧觉禅师说："禅师，佛门向来慈悲为怀，认为杀生是很严重的罪过。可是我为了生活家计，不得已一生都杀牛给人吃，请问我该当何罪？"

　　慧觉禅师故作惊讶地问道："你杀了几头牛呀？"

　　屠夫说："少说也有几百头吧！"

　　慧觉禅师说："哦，杀了那么多啊！你说有多少罪呢？"

　　屠夫低下头说："我知道我罪业深重。"

　　慧觉禅师又说："是罪业深重。"

屠夫担心地说："那我将来会怎么受报呢？"

慧觉禅师回答道："所谓'罪业本空由心造，心若灭时罪亦亡'，也可以说没有罪啦！"

屠夫一听，心里感到非常糊涂，不禁再问："禅师，究竟是有罪，还是无罪？您说清楚嘛！"

慧觉禅师说："是真相，是假相，这是有不同的哦！"

◎养心法语 ——————————

罪业，有罪性，有罪相。在吾人的本性上，本自清净，有杀、无杀，对出世的真如本性都没有影响。但是在世谛法里面，杀业是重罪。杀少罪少，杀多罪多，正所谓"一报还一报"，有一定的因果。若要问有罪无罪，本性虽无罪，但流转的生命还是有罪的。所以，究竟是说有，还是说无呢？就看你通达的程度了。

谁的儿子？

宋朝的俞道婆是金陵（今南京）人，为临济宗琅邪起禅师的法嗣。

俞道婆平时以卖油炸菜饼为生，经常跟着众人一起去参谒琅邪起禅师，琅邪起禅师经常以临济宗"无位真人"的典故探问他们，但他们都回答不出来。

有一天，俞道婆听到有个乞丐唱："不因柳毅传书信，如何能到洞庭湖？"

俞道婆听了以后大悟，忘情地丢掉手里的盘子，开始手舞足蹈。

她的丈夫看到这种情形，怒骂道："你疯啦？"

俞道婆笑着说："这不是你这种人所能够理解的境界。"

说后，俞道婆立即去找琅邪起禅师，琅邪起禅师一看到她，就明白她道眼已开，于是探问她："哪一个是无位真人？"

俞道婆应声而唱："有一无位人，六臂三头极力
嗔，一劈华山分两路，万年流水不知春。"俞道婆从
此在禅林中名声大噪。

每次有出家人进到俞道婆的店里，她都会喊："儿
子，儿子！"如果有年轻的出家人生气地说"谁是
你儿子"，或是茫然不知所应，她便立刻把他们推出
门去，不给他们饼吃。

佛鉴慧勤禅师的法嗣——何山守珣禅师，听说
有这么一件事，就前往俞道婆的小店里，想要试探一
下，俞道婆依然像平常一样喊着："儿子啊，儿子啊！"

守珣禅师反问她："爹在哪里呢？"俞道婆没回
答，一个转身便对一根柱子礼拜起来。守珣禅师瞬间
就对柱子踢了一脚，说："还说你有多少奇特！"说
罢，转身离去。

俞道婆赶紧追出来大喊："儿子啊，儿子啊！"

守珣禅师再问："爹在哪里呢？"

俞道婆说："无位真人不就是爹吗？"

守珣禅师于言下有悟。

　　禅门里，悟道是人人有分。禅，不一定是出家人所有，因为每一个人都有禅心。像优婆夷俞道婆可以悟道，佛教里的傅翁、裴休、苏东坡等居士，都是禅门的高手。俞道婆以"无位真人"而悟道，从无位真人的话头里悟道，不就是无位真人的孩子吗？无位真人是谁？其实就是每个人自己的心啊！

黄檗笠子

唐朝的黄檗希运禅师，江南道福州人，他在百丈怀海禅师门下悟道并得其心法。

黄檗禅师在参礼南泉普愿禅师的时候，南泉禅师很赏识他，并且有意付法予他，于是在黄檗禅师要离开前，把他叫到自己身边说："老僧做了一首牧牛歌，还要你来与我应和。"

黄檗禅师潇洒地说："不必了，我自有我的老师在，您不需要找我应和。"说完，便向南泉禅师告辞，径自往外走了出去。

南泉禅师也不挽留，跟在他的后面送行。

到了门口，南泉禅师忽然叫住黄檗禅师，扬一扬手中的笠子说："你的身形堂堂伟岸，可惜这个笠子太小了。"

黄檗禅师微微一笑，说："虽然如此，三千大千世界都在这里面喔！"

南泉禅师点点头，为他的境界深表赞许。这时候，黄檗禅师也不客气地接过南泉禅师手上的笠子，往头上一戴，便迈开大步，头也不回地走了。

◎养心法语 ————————————————

南泉禅师是一个大名鼎鼎的禅僧，他能够欣赏黄檗禅师，可见黄檗禅师也是来路不凡。南泉禅师想要引导黄檗禅师，黄檗禅师则自承已有老师，表示禅门自悟，不必劳驾他人，因为自己已有老师，何必再节外生枝呢？但是南泉禅师起了爱才之心，最后还是拿了一顶笠子交给黄檗禅师。黄檗禅师戴了起来，扬长而去，意思是愿意接受南泉禅师的庇荫。所以这个时候，二人就心照不宣了。

空色不二

五代的时候，山西长治延庆院的延庆传殷禅师，为福建漳州罗汉院的罗汉桂琛禅师之法嗣弟子。

有一天，一位年轻的禅僧来向传殷禅师参问道："《般若心经》上说：'色即是空，空即是色。'请问老师，究竟什么是色？什么是空？"

传殷禅师一听，立刻指着墙上的灯笼说："好比灯笼是色，蜡烛的光是空。"

禅僧仍然不死心，继续追问道："可是色与空，明明是二个啊！为什么反而要说'色即是空，空不异色'呢？"

传殷禅师微微一笑，耐心地对禅僧解释说："你见到灯笼，难道不知道有蜡烛吗？你知道有蜡烛，难道没有看到灯笼吗？"

传殷禅师接着又说："两头共截断，一剑倚天寒。"

禅僧一听，恍若有悟。

◎ 养心法语

有关《心经》色和空的问题，色是物质，空就是精神。物质是相，精神是用，二而即一，一为是二。色与空是不能分开的，懂得的人，见到色就见到空，见到空就见到色。就如一块黄金（空），把它打造成手镯、戒指、耳环，那就是色；没有黄金（空），哪里有戒指、耳环呢？没有耳环、戒指，又怎么样知道空性呢？所以，《心经》把空和色用"即是"、"不异"来形容。春风一起，百花开放，那就是"空即是色"；秋冬到来，花谢果落，那就是"色即是空"了。

量才补职

唐末五代时候的云门文偃禅师，浙江嘉兴人，是云门宗之祖。他幼年在嘉兴空王寺志澄律师门下出家，于毗陵坛受具足戒。遍读经典，精研戒律。先后参礼睦州道明禅师及福州雪峰义存禅师。后来住持韶州云门山光泰禅院，故人称云门文偃。

当时，跟随云门禅师学习者众多，可说是十方云集。因为他道行高超，信徒很多，经常打斋设供，四事供养，所以云门供养之厚，冠于各寺。一干大众住在寺里，茶来伸手，饭来张口，每天受斋，百味供养，有些人不免心生惭愧。

一日，云门禅师上堂说法，一位学僧走上前来，问道："老师，我们每天享用施主衣服、饮食、卧具、医药四事供养，要如何回报呢？"

云门禅师说："量才补职。"

学僧听了，一脸茫然，不能领会云门禅师话中的含意。

学僧再说："学人愚钝，请老师再为学僧开导。"

云门禅师沉默了一下，看了他一眼说："不懂，那么就去吃饭吧！"

学僧只觉招架不住，只有合掌顶礼，回到自己的座位。

云门禅师点点头，说："山门一念净，能消万劫粮。大家为了道，都放心吃饭吧！"

◎ 养心法语 ————————————

布施供养，有物质上的多少，有价值上的分别，但是就法性上来讲，没有事相上的多少分别。因此，一念净信，可以消八万四千重罪。出家僧侣修出世法，讲究菩提心，上弘下化，这就不是人间的一些供养而能对等的了。所以，问题在于：有没有净念用餐、尽心弘道呢？

大王尊讳多

有一天，燕王、赵王带着随行人员一同去拜访赵州从谂禅师。双方一到赵州禅师的寺院，燕赵二王的侍从就暗示赵州禅师，要禅师为二王说法。

赵州禅师见他们到了寺院还官气十足，淡淡地说："大王的左右太多，要老僧如何说法呢？"

燕赵二王听了，赶紧请身边的侍从们全部退下，独留他们两人在法堂。

这时，赵州禅师身边的侍者文远沙弥随即开口，礼貌地说："大王，禅师的意思不是指这个'左右'。"

燕赵二王面面相觑，问道："那么，禅师是指哪个'左右'呢？"

文远沙弥机灵地说："大王尊讳多，所以禅师不方便说法。"

燕王听了当下会意，哈哈大笑说："我们现在既然站在禅师面前，就已经除去名讳了，请禅师安心说法，不需要有任何顾忌。"

赵州禅师这时才点点头，开口说："大王尊讳多，你们应该知道，这要许多抬举的人很辛苦哦！再说，大王的尊号多，这许多从贪嗔痴而来的尊荣，你知道造业又何其多啊！不若我佛如来，不必什么尊号，人人心中有佛，那是何等逍遥自在啊！"

燕、赵二王听了赵州禅师以名讳和佛号为喻，心中豁然开朗，频频点头表示认同。

◎ **养心法语** ————————————

有谓"一将功成万骨枯"，所以一个功名富贵的成就，这要多少人的辛苦、血汗，才能把自己抬出一个称号。富人一夕酒，穷人半年粮，这些功名富贵都是负担在穷苦的人身上；尊号，看穿了，它里面埋伏了多少的业障啊！能把佛号摆在心中，清净、自在、平等，那才是真正的尊号喔！

259

裴休安名

唐代的宰相裴休，孟州济源（今属河南）人，是佛教史上有名的在家大护法。他跟随圭峰宗密大师学习华严，也曾迎请黄檗希运禅师到宛陵（今安徽宣城）弘扬禅法，后来他将黄檗禅师的这些法语辑录成《宛陵录》，大行于世。

唐武宗及宣宗时，佛教遭逢法难，当时裴休以朝廷重臣的身份，极力护卫佛教，让佛教得以在很短的数年之间，恢复旧貌。中年之后，他更自断肉食，虔诚敬佛，世人尊称为"河东大士"。

有一次，裴休捧了一尊佛像，恭敬地跪在黄檗禅师面前，说："禅师，请您为这尊佛像安立一个名字。"

黄檗禅师看了看佛像，又看了看裴休，忽然大声叫唤他的名字："裴休！"

裴休不假思索，立刻应和道："在。"

黄檗禅师微微一笑，点点头说："很好，我已经帮你把名字安立好了。"

　　裴休当下会意，就地欢喜礼拜，感谢黄檗希运禅师为他印可。

◎养心法语 ─────────────

　　经中说，人人有佛性，人人是佛，但人们不敢承担，殊为可惜。裴休到底是佛门的高层有道之人，他请黄檗禅师为佛像安名，阿弥陀佛也好，弥勒佛也好，药师佛也好，其实什么名字都好，但是黄檗禅师却叫一声"裴休"，而裴休也回应一声"我在"。这么一来，佛像不就是裴休，裴休不就是佛了吗？

　　人人是佛，佛是人人，这又有什么分别呢？